CLAUS KOCH & CHRISTOPH STRECKER

Kindern bei Trennung und Scheidung helfen

Psychologischer und juristischer Rat für Eltern

BELTZ kinder kinder

W0280796

Liebe Leserin, lieber Leser!

Vielleicht haben Sie sich kürzlich getrennt oder scheiden lassen, vielleicht liegt es auch schon etwas länger zurück. Oder Sie haben gerade beschlossen, sich von Ihrem Partner oder Ihrer Partnerin zu trennen. Was immer zu diesem Entschluss geführt hat und was immer er mit sich bringen wird – wie alle Eltern möchten Sie jetzt ganz besonders, dass es Ihren Kindern weiterhin gut geht. Wir sind sicher, dass Ihnen dieses Buch mit seinen vielen Beispielen und Tipps dabei helfen wird.

Kinder reagieren unterschiedlich auf die Tatsache, dass sich ihre Eltern trennen und scheiden lassen, wobei auch ihr Lebensalter, ihr Geschlecht und Temperament eine Rolle spielen. Zunächst einmal aber werden die Kinder (auch wenn die älteren unter ihnen dies manchmal mit »großen Worten« überspielen) unter der Trennung oder Scheidung ihrer Eltern leiden. Sie spüren (und die älteren Kinder wissen es), dass es die Welt, in der sie **zusammen** mit den beiden Menschen, die sie am meisten lieben, gelebt haben, in Zukunft so nicht mehr geben wird. Und sie sind zunächst einmal unsicher, was sie in Zukunft erwartet.

Äußerungen an einem »Sorgentelefon« wie die von Benny »Ich wünsche mir, dass meine Eltern wieder zusammenkommen. Dafür würde ich dieses und nächstes Jahr meine Weihnachtsgeschenke hergeben« oder Lisa »Ich wünsche mir, dass mein Vater seine neue Freundin verlässt« sind deswegen keine Ausnahme, sondern beschreiben den inneren Zustand der meisten Kinder, wenn ihre Eltern sich trennen.

Aber auch die Eltern wirken zum Zeitpunkt der Trennung oft unsicher, traurig und betrübt, manchmal auch aggressiv, weil sie selbst mit der neuen Situation noch nicht klarkommen. Und viele von ihnen empfinden Schuldgefühle, ihre Kinder einer Belastung auszusetzen, die sie selbst herbeigeführt haben.

Dieses Buch plädiert für einen offenen, ehrlichen und selbstbewussten Umgang mit allem, was mit dem Thema Trennung und Scheidung zu tun hat und was für die Kinder von getrennten Eltern wichtig ist. Es will Ihnen Mut machen und dabei einen Weg aufzeigen, wie sowohl Ihre Kinder als auch Sie selbst am besten mit der neuen Situation zurechtkommen.

Im Vordergrund dieses Buches steht immer der Gedanke an »Schutzfaktoren«, die es den Kindern ermöglichen, Folgen der Trennung und Scheidung gut zu bewältigen. Viele wissenschaftlichen Studien belegen eindrücklich, dass bei der Beachtung solcher Schutzfaktoren Scheidungskinder eine ebenso glückliche Kindheit und Jugend verleben können wie ihre Altersgenossen aus nicht geschiedenen Elternhäusern – die im Übrigen auch nicht immer das Glück gepachtet haben. Die Studien zeigen aber auch, dass Kinder, denen diese Schutzfaktoren nicht zuteilwerden, in ihrem späteren Erwachsenenleben mehr Probleme haben können als andere – mit ihrem Selbstwertgefühl und besonders mit ihrer Fähigkeit, zu anderen Menschen langfristig ein vertrauensvolles Verhältnis aufzubauen.

Alle diese Schutzfaktoren, auf die wir besonders im 5. Kapitel zu sprechen kommen, sind von großer Bedeutung und sie eint, was Psychologen »Bindungssicherheit« oder eine »gute Bindung« nennen: eine Art von »Urvertrauen« des Kindes, dass seine Eltern es schützen und für es da sind, wenn es Angst und Not empfindet, dass sie bereit sind, ihm zuzuhören, auf seine Probleme eingehen, kurzum, dass sich das Kind von seinen Eltern angenommen und geliebt fühlt.

Zum Aufbau dieses Buches

Das Buch ist von einem Psychologen und einem Juristen und Mediator geschrieben. Claus Koch verantwortet die ersten fünf Kapitel, Christoph Strecker hat das letzte Kapitel »Die juristische Seite« geschrieben. Unser Anliegen, Ihnen als Eltern in der schwierigen Situation einer Trennung oder Scheidung kindgerechte Hilfe zukommen zu lassen, ist ein gemeinsames.

Im ersten Kapitel gehen wir noch einmal allgemein auf das Thema »Trennung und Scheidung« ein. Wir werden dabei sehen, dass es – zumindest zum Zeitpunkt der Trennung – nur selten »glückliche« Scheidungskinder gibt, auch wenn dies manchmal beschwichtigend so gesagt oder geschrieben wird. Dies anzuerkennen ist aber schon der erste Schritt in die richtige Richtung, denn so vermeiden Sie, sich und Ihrem Kind etwas »vorzumachen«. Kinder kommen mit der Realität, wenn man sie ausspricht, im Übrigen viel besser zurecht, als viele Erwachsene glauben. Weiterhin fragen wir danach, ob es einen »richtigen Zeitpunkt« gibt, an dem sich Eltern trennen oder scheiden lassen sollten. Und wir kommen auf die Schuldgefühle zu sprechen, die viele Eltern bewusst oder unbewusst beschäftigen, besonders, wenn sie merken, dass es ihren Kindern nach der Trennung nicht gut geht.

Im zweiten Kapitel behandeln wir die wichtige Fragestellung, wie Eltern es ihren Kindern am besten sagen, dass sie sich trennen werden. Denn auch davon hängt ab, wie Kinder später einmal gut mit ihrem Schicksal fertig werden. Da Kinder sich gemäß ihrer Entwicklung auf unterschiedlichen kognitiven Ebenen befinden, gehen wir auch auf das jeweilige Alter der Kinder ein.

Im dritten Kapitel geht es dann um das Leben nach der Trennung. Wie gestalten wir es so, dass wir den Kindern am besten helfen, über diese besonders in den ersten Jahren schwierige Zeit hinwegzukommen?

Es folgt im vierten Kapitel die Schilderung der Langzeitfolgen von Trennung und Scheidung für Kinder. Hier ziehen wir die wichtigsten internationalen Untersuchungen zurate, die alle zeigen, dass es solche Folgen geben kann, aber nicht geben muss.

Im fünften Kapitel geht es konkret um die Schutzfaktoren, für die Sie als Eltern sorgen sollten, damit Ihren Kindern für ein glückliches und erfülltes Leben nichts im Wege steht.

Abschließend werden die rechtlichen Fragen von Trennung und Scheidung angesprochen, auch dies unter dem Gesichtspunkt, dass die Kinder möglichst wenig darunter leiden sollen. Bei der Darstellung, die auf der beruflichen Erfahrung aus 25 Jahren als Familienrichter und anschließenden sieben Jahren als Mediator beruht, stehen die Auswirkungen der rechtlichen Regelungen für die Kinder im Vordergrund. Das Recht bietet einen Rahmen; die Bewältigung der Probleme und Konflikte aber bleibt die Aufgabe verantwortungsbewusster Eltern.

Claus Koch, Christoph Strecker

Literatur zum Weiterlesen:

HETHERINGTON, E. M.; KELLY, J. (2003): Scheidung und die Perspektiven der Kinder. Weinheim und Basel: Beltz

STRECKER, C. (2010): Versöhnliche Scheidung. Trennung und Scheidung und deren Folgen einvernehmlich regeln. 4. Auflage. München: Beck-Rechtsberater im dtv. 2010

WALLERSTEIN, J.S.; LEWIS, J.M.; BLAKESLEE, S. (2002): Scheidungsfolgen – Die Kinder tragen die Last. Eine Langzeitstudie über 25 Jahre. Münster: Votum, Juventa

Wenn Eltern auseinandergehen und sich scheiden lassen

Auch wenn es schon fast der Normalfall ist: Die meisten Kinder leiden darunter, wenn ihre Eltern auseinandergehen. Es ist also wichtig, dass die Eltern ihren Kindern möglichst von Anfang an gemeinsam zur Seite stehen, um diese Situation positiv zu bewältigen.

Hohe Scheidungsraten – zwei Seiten einer Medaille

Nahezu jede dritte Ehe wird heutzutage in Deutschland geschieden, in Großstädten oft die Hälfte. Für die betroffenen Kinder ist das – paradoxerweise – zunächst eine positive Nachricht: Da der Trennung ihrer Eltern – im Gegensatz zu früher – so gut wie kein gesellschaftlicher Makel mehr anhaftet, fallen sie kaum noch auf und werden deswegen nicht mehr stigmatisiert. Für viele Kinder, und nicht nur für die Betroffenen selbst, ist die Tatsache, getrennte Eltern zu haben, zum »Normalfall« geworden. Schließlich haben wir vor kurzer Zeit auch einen frisch geschiedenen Bundespräsidenten gewählt, der mit seiner neuen Frau ein kleines Kind und mit seiner ersten Frau ebenfalls ein Kind hat.

Für viele Kinder sind getrennte Eltern zum »Normalfall« geworden.

Die Tatsache, dass Trennung und Scheidung heutzutage schon fast zum »Normalfall« geworden sind, eröffnet die Möglichkeit, dass die Kinder – auch mithilfe der Eltern – mit ihren Freundinnen und Freunden, mit ihren Klassenkameraden, die oft dieselbe Erfahrung gemacht haben wie sie, ins Gespräch kommen und sich gegenseitig austauschen können. Dabei bekommen sie vielleicht sogar den einen oder anderen Tipp und lassen sich ermutigen, dass das Leben »danach« gar nicht mal so schlecht sein muss. Das gibt den Kindern gerade in der »akuten Zeit« der Trennung, wenn ihre Eltern noch sehr mit ihren eigenen Sorgen und Nöten beschäftigt sind, Mut, **selbst** damit fertig zu werden, weil sie ihren Kummer und ihre Verzweiflung nicht als Einzelschicksal erleben, sondern feststellen, dass man damit trotz allem gut klarkommt.

Die wenig beachtete Kehrseite der Medaille ist allerdings, dass Kinder heute mehr als früher Angst davor haben, dass ihre Eltern sich trennen **könnten**. Sie kennen ja so viele, bei denen das passiert ist. Selten äußern sie diese Angst direkt, aber sie begleitet sie, zum Beispiel, wenn ihre Eltern sich heftig streiten und in der Hitze des Gefechts einer auch schon mal mit baldigem Auszug droht. Für diese Angst gibt es einen einfachen Grund: Kinder wollen einfach nicht, dass ihre Eltern sich trennen. Sie wollen, dass ihre Eltern zusammenbleiben, möglichst lange, und aus kindlicher Perspektive am besten ein Leben lang.

Kinder wollen, dass ihre Eltern zusammenbleiben, möglichst lange und am besten ein Leben lang.

Weil Kinder heutzutage also spätestens ab dem Grundschulalter mit dem Thema »Trennung und Scheidung« vertraut sind, spüren sie auch schnell, wenn bei ihnen zu Hause »etwas nicht stimmt«. Ihnen dann etwas vorzumachen und »so zu tun, als ob« hilft also wenig. Kinder haben von Natur aus eine feine Antenne für Situationen, die ihnen bedrohlich erscheinen. Die einzige Möglichkeit, den Kindern ihre Ängste zu nehmen, besteht darin, sie auf diese Ängste hin anzusprechen. Wie das am besten geschieht, lesen Sie im 2. Kapitel dieses Buches.

Es gibt in Deutschland immer weniger Familien. 1996 waren es laut Statistischem Bundesamt noch 9,4 Millionen Familien, 2009 nur noch 8,2 Millionen.
Immer häufiger erziehen Mütter oder Väter ihre Kinder ohne Partner. 2009 war fast jede fünfte Familie (19 %) alleinerziehend, 1996 nur jede siebte Familie. Der Hauptgrund dafür sind Trennungen und Scheidungen.
In den Großstädten gibt es deutlich mehr Alleinerziehende. Wo mehr als eine halbe Million Menschen leben, beträgt ihr Anteil 26 %.
In den meisten Fällen sind es die Frauen, die ihre Kinder allein erziehen – zu 90 %.
60 % der alleinerziehenden Frauen sind berufstätig, ein überproportionaler Anteil von ihnen mit Vollzeitstellen.
Quelle: SPIEGEL ONLINE, 29.7.2010

»Glückliche Scheidungskinder« kommen nur selten vor

Wenn Eltern sich trennen oder sich scheiden lassen, sind fast alle Kinder erst einmal unglücklich. Um es aber gleich vorweg zu sagen: was nicht bedeutet, dass sie ihr Leben lang unglücklich bleiben müssen! Die große Mehrheit von ihnen wird im späteren Leben Kindern aus »normalen« Familien nicht nachstehen, etwa was ihre Beziehungsfähigkeit angeht oder den Erfolg in Schule und Beruf. Das haben zwei große Scheidungsstudien in den USA zeigen können, die Scheidungskinder über Jahrzehnte beobachtet haben. Die Studien haben aber auch gezeigt, dass bei Scheidungskindern ein höheres Risiko besteht, mit ihrem Leben schlechter zurechtzukommen, wenn ihre Eltern sich nicht an bestimmte Verhaltensregeln halten, auf die ich im 5. Kapitel unter dem Thema »Schutzfaktoren« noch einmal ausführlich zurückkomme.

Zunächst aber stellt die Trennung für die betroffenen Kinder eine Tragödie dar. Wenn die Mutter oder – wie in den meisten Fällen – der Vater auszieht, geht für das Kind unwiederbringlich eine Epoche zu Ende, und das Leben wird nie mehr so sein wie vorher. Seine Eltern mögen eine Welt verlieren, das Kind verliert seine ganze Welt. Hinzu kommt die große Unsicherheit, die besonders das kleine Kind in seinem Innersten empfindet: Wenn der eine geht, warum dann nicht auch der andere? Vielleicht nicht gleich, aber irgendwann? Lehrer berichten von Kindern, die kurz nach der Trennung nicht nach Hause gehen wollen aus Angst, dass sie dort niemanden mehr antreffen.

Und dann natürlich die Frage nach dem Warum? Sie ist für Kinder keineswegs so leicht zu beantworten wie für die Erwachsenen. Denn dass sich die Eltern vielleicht ständig gestritten haben oder plötzlich in getrennten Betten schliefen, haben die Kinder kaum bemerkt und wenig beachtet; dazu waren sie viel zu beschäftigt mit sich selbst, mit ihren Kameraden, dem, was im Kindergarten oder in der Schule gerade passiert ist. Und wenn sie es doch registrierten, dann haben sie die ständigen Auseinandersetzungen oft in ihr »Elternbild« eingebaut: Eltern sind halt so, dass sie ständig Krach miteinander haben, das erzählt der Nachbarsjunge doch auch.

Kindern, so lässt sich zugespitzt formulieren, ist es egal, ob ihre Eltern glücklich oder unglücklich sind – Hauptsache, sie sind da! Und wenn der Streit dann doch einmal zu laut wird, hat man die Möglichkeit, sich zurückzuziehen, und die Hoffnung, dass alles wieder gut wird.

Wenn Sie gerade in der Situation sind, sich zu trennen, sollten Sie ganz besonders auf Ihre Wortwahl achten und nicht die Kinder, auch wenn es völlig unabsichtlich und indirekt geschieht, »beschuldigen«, an der Trennung »schuld zu sein«. Sätze wie »Es reicht mir mit dir, du machst alles nur noch schwerer« oder »Merkst du nicht, dass ich nicht mehr kann« sind besonders in dieser Situation Gift für die Kinderseele. Stattdessen sollten Sie Ihr Kind gerade jetzt positiv bestätigen. »So, wie du bist, lieben wir dich beide. Es tut uns leid, dir jetzt so viel Kummer zu bereiten.«

Die Trennung dann tatsächlich zu erleben heißt für die Kinder, einem Geschehen, das sie sehr persönlich trifft, absolut ohnmächtig ausgeliefert zu sein. Hieraus ergibt sich, dass die Kinder für das, was passiert ist, nach einer »rationalen« Erklärung suchen. So finden sie wenigstens einen Grund für das, was sich jetzt vor ihren Augen abspielt. Und weil sie nur ungern (zu

Kinder suchen die Schuld für die Trennung ihrer Eltern häufig, so paradox es scheint, bei sich.

Recht!) den einen oder anderen Elternteil beschuldigen wollen, suchen sie die Schuld für die Trennung ihrer Eltern häufig, so paradox es scheint, bei sich: »Weil ich da bin, haben sie sich ständig gestritten« – was manchmal ja auch zu stimmen scheint. Sätze wie: »Würden wir das Kind nicht haben, wäre ich schon längst gegangen«, oder, ans Kind gerichtet: »Du machst uns alles noch viel schwieriger«, lassen sich auch so verstehen, dass ohne Kind alles besser und einfacher wäre.

Die wissenschaftliche Erforschung der Folgen von Trennung und Scheidung

Kein Kind ist über eine Trennung oder Scheidung seiner Eltern glücklich, außer es kam in der Familie zu Kindesmissbrauch oder Kindesmisshandlung, zu massiven Ausbrüchen von Gewalt zwischen den Eltern, auch durch übermäßigen Genuss von Alkohol oder anderen Drogen. Und selbst hier zeigen viele Studien, dass besonders jüngere Kinder trotzdem weiterhin zu beiden Eltern halten!

Andererseits belegen Langzeitstudien, dass Scheidungskinder die Trennung ihrer Eltern durchaus gut verarbeiten können und später großartige, kreative und erfolgreiche Erwachsene werden, manchmal gerade deswegen, weil es ihnen gelungen ist, mit einem schweren Schicksalsschlag in ihrem Leben kompetent umzugehen. Von diesen Studien gibt es allerdings nur wenige, was angesichts der Tatsache erstaunt, dass heute in den Großstädten fast jedes zweite Kind eine Trennung seiner Eltern erlebt. So liegen für Deutschland keine mir bekannten Forschungsprojekte vor, die die Langzeitfolgen von Trennung und Scheidung bei Kindern untersucht haben. Meistens beschränken sich solche

Studien darauf, wie Kinder die Trennung in dem kurzen Zeitraum, in dem sie passiert und der auf sie folgt, verarbeiten. Dabei mag es eine Rolle spielen, dass viele auch heute noch von der falschen Annahme ausgehen, die Trennung der Eltern sei für das Kind im Augenblick zwar eine sehr schmerzliche Erfahrung, sie werde aber nach zwei oder drei Jahren mehr oder weniger vergessen sein, besonders, wenn die Kinder zum Zeitpunkt der Trennung ihrer Eltern noch sehr klein gewesen sind.

Da in den USA die wissenschaftliche Forschung insbesondere, was die Langzeitfolgen für Kinder aus geschiedenen Ehen betrifft, wesentlich weiter ist, werde ich mich bei meinen Ausführungen immer wieder auf die Ergebnisse von zwei groß angelegten amerikanischen Studien stützen. Zum einen auf die Studie von E. Mavis Hetherington, die umfassendste Längsschnittstudie weltweit. Hetherington verfolgte über 20 Jahre den Lebensweg von Scheidungskindern und berücksichtigte dabei annähernd 450 Familien und 2.000 Kinder. Eine ähnliche Studie wurde von Judith S. Wallerstein durchgeführt, die über 25 Jahre hinweg 60 Familien vom Zeitpunkt der Scheidung an nach 18 Monaten, 5, 10, 15 und 20 Jahren befragte.

Wissenschaftliche Studien beweisen, dass Scheidungskinder Kindern aus »intakten« Familien in nichts nachstehen, solange die richtigen »Schutzfaktoren« vorhanden sind.

Während Wallerstein hinsichtlich Trennung und Scheidung von eher »traditionellen« Familienvorstellungen ausgeht und die Folgen von Scheidung und Trennung pessimistischer interpretiert, sieht Hetherington die Zukunft der Scheidungskinder, gerade auch aufgrund ihrer Forschungsergebnisse, wesentlich optimistischer. Sie hat herausgefunden, dass die allermeisten Scheidungskinder in ihren emotionalen und kognitiven Fähigkeiten Kindern aus »intakten« Familien in nichts nachstanden. Aber sie fand wie ihre Kollegin Wallerstein auch heraus, dass es dazu bestimmter Schutzfaktoren bedarf, für die die Eltern sorgen müssen. Andernfalls besteht die Gefahr, dass die Kinder zu jenen

10% gehören, die sich erwiesenermaßen von der Trennung und Scheidung ihrer Eltern und dem, was in dieser Zeit und vorher oder nachher geschah, nie wieder richtig erholten.

Trotz Trennung – die Kinder bleiben gemeinsame Kinder

Aus dem bisher Gesagten ist deutlich geworden, dass sich Eltern die Entscheidung, sich zu trennen, nicht zu einfach machen dürfen. Eine Trennung von Eltern »auf Probe«, etwa um zu sehen, wie man eine Zeit lang allein zurechtkommt, sollte mit Rücksicht auf die Kinder nicht stattfinden. Sie würde bei den Kindern existenzielle Ängste auslösen und selbst, wenn die Eltern wieder zusammenkommen, das Gefühl hinterlassen, nie mehr ganz sicher sein zu können, da sich dieser Schritt schließlich bei jedweder Auseinandersetzung zwischen den Eltern wiederholen könnte.

Bevor man sich trennt, kann eine Paartherapie von Nutzen sein, übrigens auch für das Selbstverständnis später, es sich nicht allzu leicht gemacht zu haben. Denn eines muss allen Eltern, die sich trennen, klar sein: Ihre Trennung ist ein Schritt, der sie immer wieder einholen und beschäftigen wird, ob gewollt oder ungewollt.

Eltern werden, auch wenn sie getrennt leben, den Lebensweg ihrer Kinder weiterhin begleiten. Und das ist auch gut so. So wird es neben den »Klassikern« wie Geburtstagen und Weihnachten immer wieder Gelegenheiten geben, bei denen leibliche Eltern sich treffen, zumindest aber über ihre Kinder sprechen. Ob das nun zu schönen Gelegenheiten wie Heirat, der Geburt eines Enkelkindes etc. passiert oder aber in Zusammenhang mit einer ernsthaften Erkrankung oder einem Unfall: Das Leben ihrer

Kinder erinnert sie immer wieder daran, dass sie beide die Eltern dieses Kindes sind. Und nur in den seltensten – im Übrigen auch nicht wünschenswerten – Fällen verlieren sich ein Elternteil und die Kinder gänzlich aus den Augen.

Manche geschiedenen Eltern werden sich später immer wieder einmal fragen, ob ihre Entscheidung von damals denn richtig gewesen ist, insbesondere dann, wenn es mit einem ihrer Kinder – und wo kommt das nicht vor! – einmal Probleme oder Erziehungsschwierigkeiten gibt. Probleme aber sind in der Entwicklung von Kindern ganz normal, und die Kinder lernen viel daraus, sie adäquat zu lösen. Eltern sollten sie dabei unterstützen, sie sollten Gesprächspartner bleiben, ihnen zuhören können und manchmal einfach nur »da« sein, damit sich das Kind an sie wenden kann, wenn es das möchte.

Doch auch wenn die Probleme mit dem Scheidungsgeschehen in gar keiner direkten Beziehung stehen, ist es das Schicksal von Scheidungseltern, dass sie sich die Frage, ob sie die »Ursache« für Probleme ihrer Kinder sind, wahrscheinlich häufiger stellen werden als »normale« Eltern, was sich im Übrigen auch auf ihren Erziehungsstil auswirken kann, wenn sie ihre vermeintliche Schuld (siehe S. 19 f.) immer wieder irgendwie kompensieren möchten.

Gibt es einen »richtigen« Zeitpunkt für Trennung oder Scheidung?

Rezepte können hier nicht angeboten werden, dazu spielen viel zu viele unterschiedliche Faktoren ins Trennungsgeschehen mit hinein, unter anderem auch die Tatsache, dass alle Kinder, auch Geschwister, auf die Trennung anders reagieren. Im Übrigen werden Eltern, die sich trennen wollen, kaum so lange warten wollen, bis ihr Entschluss zum Alter ihrer Kinder »passt«.

Manche Forschungsergebnisse sprechen dafür, dass Mädchen, die bei der Mutter bleiben, vor Eintritt in die Pubertät eine Trennung besser verkraften als Jungen, die insgesamt unruhiger und aggressiver reagieren, je früher die Trennung erfolgt. Aber mit solchen generalisierenden Annahmen sollte man vorsichtig sein – Mädchen sind bis zur Pubertät sozial häufig angepasster, ganz unabhängig davon, ob sich ihre Eltern getrennt haben oder nicht, was hinsichtlich späterer seelischer Konflikte nur wenig aussagt. Und die deutliche Reaktion, dass das Kind mit der Trennung überhaupt nicht einverstanden ist, ist oft, wenn die Eltern adäquat mit ihr umgehen, besser, als dieses Schicksal wortlos zu akzeptieren oder – manchmal wortwörtlich – in sich hineinzufressen.

Dagegen legen einige Beobachtungen aus der Bindungstheorie, die die Bedeutung der frühkindlichen Bindung an die wichtigsten Bezugspersonen für den weiteren Lebensweg eines Kindes betont, nahe, dass es für sehr junge Kinder unter drei Jahren besonders schwierig ist, mit der Trennung der Eltern fertig zu werden. Zum einen verfügen sie entwicklungspsychologisch noch kaum über kognitive Voraussetzungen, sich die Trennung – bei allen Vorbehalten (siehe oben) – rational erklären zu können, zum anderen sind sie in diesem Alter auf den Schutz und die Fürsorge ihrer Eltern noch besonders angewiesen und fallen buchstäblich aus dem Nest. Anders als ältere Kinder spüren sie mehr Ohnmacht und Hilflosigkeit, weil sie in ihrer Existenz noch gänzlich von ihren Eltern abhängig sind. Für die ganz Kleinen ist es zudem schwierig, sich woanders, bei Geschwistern oder Freundinnen oder Freunden Hilfe zu holen, was ja, wie schon erwähnt, später zu einer guten »Überlebensstrategie« gehören kann. Und älter geworden, können sie sich an das Leben zusammen mit beiden leiblichen Eltern dann oft kaum oder gar nicht mehr erinnern. Das wird Kindern erspart, deren Eltern sich später trennen, insbesondere, wenn sie verantwortlich mit der Trennung umgehen und den Kindern wirklich Eltern geblieben sind. Deswegen sollten auch Eltern kleiner Kinder, die sich trennen, darauf achten, weiterhin gemeinsam für ihre Kinder da zu sein, und entsprechende Regelungen treffen. Die Tatsache, dass ihre Kinder manchmal weniger offensichtlich auf ihre Trennung reagieren, hat nichts damit zu tun, dass sie sich innerlich stark damit beschäftigen. Gerade die ganz Kleinen brauchen also weiterhin das Gefühl, geschützt und geborgen zu sein.

Noch anders mag es sein, wenn der Zeitpunkt der Trennung sehr früh, also schon vor der Geburt oder kurz danach liegt und sich die Mutter alsbald mit einem neuen Partner zusammentut und eine neue stabile Familie bildet. Der frühe Vaterverlust wird zwar insbesondere den Sohn sein Leben lang begleiten, aber das Gefühl existenzieller Hilflosigkeit bleibt dem Kind ebenso erspart wie in dem Fall, dass das Kind von Beginn an erlebt, zusammen mit einer alleinerziehenden Mutter das Leben zu meistern.

Vom Umgang mit Schuldgefühlen

Der Entschluss, sich zu trennen oder sich scheiden zu lassen, wird bei Eltern fast immer von der Frage begleitet, wie die Kinder dies verkraften bzw. welche langfristigen Folgen sich daraus für sie ergeben können. Häufig gehen diese Gedanken mit massiven Schuldgefühlen einher, die auf den ersten Blick auch »berechtigt« erscheinen, weil Eltern, worauf schon hingewiesen wurde, diese Entscheidung ja immer über die Köpfe ihrer Kinder hinweg getroffen haben. Dann schleicht sich schnell das Gefühl ein, selbst »Täter« zu sein und die Kinder als »Opfer« dieses Entschlusses zu sehen. Und selbstverständlich neigt eher derjenige zu Schuldgefühlen, der die Trennung initiiert hat oder glaubt, dass sie von ihm (oder ihr) ausgegangen ist.

In der akuten Trennungsphase mögen die Gedanken über das weitere Schicksal der Kinder etwas zurücktreten, da erst einmal ganz konkrete Dinge geklärt werden müssen. Dazu gehört neben den rechtlichen Fragen die Neuorganisation des Lebens, eventuell auch eine berufliche Neuorientierung. Dazu kommt, dass die eigenen Gefühle bei den Partnern oft ungleich verteilt sind, also Wut, Trauer und Hilflosigkeit bei dem einen, Glücksgefühle, mit einer neuen Beziehung ein neues Leben anzufangen, bei dem anderen. Da kann das Nachdenken über die Kinder auch schon einmal zurücktreten.

Schuldgefühle sind, wenn sie nicht zu lange andauern, übrigens nichts Schlechtes. Im Gegenteil, sie zeugen von der Fähigkeit, sich in andere einfühlen und sich an ihre Stelle setzen zu können, und sie stehen für Bindung, Mitgefühl und Mitverantwortung. Dagegen zeigt übertriebene »Coolness« oft die Unfähigkeit, mit dem, was geschehen ist, adäquat umzugehen, und wirkt sich eher negativ auf die Beziehung zum Kind aus.

Aber spätestens, wenn das Leben neu geregelt ist, tauchen die Schuldgefühle – jetzt meistens auf beiden Seiten – wieder auf, besonders dann, wenn in der ersten Zeit nach der Trennung die Kinder offensichtlich leiden und dieses Leiden bewusst oder unbewusst (durch entsprechende Symptome) zum Ausdruck bringen. Solche Schuldgefühle können auch von körperlichen Symptomen wie Magenschmerzen, Schwindelgefühlen bis hin zu depressiven Verstimmungen begleitet sein bzw. von dem quälenden Gedanken, ob der Schritt wirklich richtig gewesen ist, auch wenn er nun nicht mehr rückgängig gemacht werden kann.

Obwohl Schuldgefühle also auch etwas Gutes an sich haben, sind sie, besonders, wenn sie länger andauern, wenig hilfreich, denn sie machen das, worauf sie sich beziehen, nicht ungeschehen und führen auch zu keiner wirklichen Wiedergutmachung oder Verbesserung der Situation. Dagegen verstellen sie oft den Blick nach vorn, erzeugen Ängste, die sich auf das Kind übertragen können, und münden manchmal auch in Selbstmitleid.

Schuldgefühle führen zu keiner wirklichen Wiedergutmachung oder Verbesserung der Situation.

Was die Kinder betrifft, spüren sie die Schuldgefühle und die daraus resultierenden Unsicherheiten ganz genau, auch wenn diese Unsicherheit manchmal mit üppigen Geschenken oder einem plötzlichen Zuviel an Zuwendung kaschiert wird. Sie kennen ja ihren Vater und ihre Mutter, wie sie vorher waren, und bemerken sofort, dass etwas »nicht stimmt«. Zudem gehen Schuldgefühle häufig mit einer Selbstabwertung der Erwachsenen einher. Das Gefühl, dass sich ihre wichtigsten Bezugspersonen selbst nicht mögen, sich »schlecht« finden, ist für Kinder nur schwer zu ertragen, weswegen es so wichtig ist, die Schuldgefühle positiv zu bearbeiten.

Wie sollten wir als Eltern mit Schuldgefühlen umgehen? Das Wichtigste ist zunächst, sie sich einzugestehen und nicht zu versuchen, sie mit markigen Worten zu überspielen. Sie positiv zu wenden bedeutet in unserem Zusammenhang, die weitere Entwicklung der Kinder nicht zu blockieren, zum Beispiel dadurch, dass man sie mit übertriebener Fürsorge oder gar mit übertriebenen Geschenken zu kompensieren versucht.

Um Schuldgefühle abzubauen, ist es wichtig, mit Freunden und Bekannten darüber zu sprechen – dann kann man sich davon unbeschwert den neuen Aufgaben des Lebens stellen. Sind die Schuldgefühle allzu quälend, werden sie begleitet von einer starken Tendenz, sich abzuwerten. Stellen sich länger anhaltende depressive Verstimmungen ein, sollte man in jedem Fall professionelle Hilfe und Beratung in Anspruch nehmen.

Was wir gegen Schuldgefühle nach Trennung und Scheidung unternehmen können

> **Die Entscheidung bewusst tragen.** Es ist sinnlos, sich nach einer Trennung immer wieder die Frage zu stellen, warum es passiert ist und wie man es hätte verhindern können. Die Entscheidung ist gefallen, und jetzt sollte der Blick in die Zukunft gerichtet sein: Wie kann ich (wie können wir) das Beste aus der Situation machen.

> **Die Schuldgefühle nicht auf die ganze Person beziehen.** Selbst wenn Sie Ihren Partner mit Ihrer Entscheidung verletzt haben und die Kinder darunter leiden oder wenn Ihnen von dritter Seite Vorwürfe gemacht werden, sind Sie noch kein schlechter Mensch. Wichtig ist es deswegen, die Entscheidung und ihre möglichen Konsequenzen nicht auf sich als ganze Person zu beziehen, sondern die Verantwortung für diese ganz spezielle Entscheidung und ihre Folgen zu übernehmen und das zukünftige Verhalten daran auszurichten, was für alle Beteiligten das Beste ist.

> **Schwächen und Fehler bei sich selbst akzeptieren.** Gerade auf der Gefühlsebene lernen wir ein Leben lang und niemand ist perfekt. Am besten ist es dann, wenn wir aus vergangenen Fehlern lernen und es in Zukunft besser machen. Ständiges Zurückschauen bringt niemandem etwas.

Gemeinsame Verantwortung auch nach der Trennung

> Trennung und Scheidung stellen heutzutage kein soziales Stigma mehr dar. Kinder werden deswegen weder benachteiligt noch schief angesehen oder diskriminiert.

> Kinder wollen nicht, dass ihre Eltern sich trennen, reagieren aber ganz unterschiedlich. Viele von ihnen suchen die Schuld bei sich selbst.

> Die langfristigen Folgen von Trennung und Scheidung sind wissenschaftlich gut beschrieben.

> Durch den lebenslangen Kontakt mit ihren gemeinsamen Kindern bleibt eine Beziehung zwischen beiden Eltern bestehen, auch wenn sie sich getrennt haben.

> Eltern müssen ihren Kindern, besonders wenn sie noch klein sind, weiterhin das Gefühl vermitteln, geschützt und geborgen zu sein.

> Es ist gut für Kinder, dass Eltern sich der gemeinsamen Verantwortung immer wieder bewusst werden und Schuldgefühle bei sich abbauen.

Wie sage ich es meinen Kindern?

Ein gutes Elterngespräch, das den Kindern Liebe und besonders Sicherheit vermittelt, sollte am Anfang jeder Trennung stehen. Dabei ist es besonders wichtig, dass die Kinder die Trennungsabsicht von ihren Eltern rechtzeitig und direkt mitgeteilt bekommen und nicht »auf Umwegen« erfahren.

Dem Kind gemeinsam sagen, dass Sie sich trennen

Eine Trennung hat natürlich ganz unterschiedliche Vorgeschichten, auf die wir hier nicht ausführlich eingehen können. Doch ganz unabhängig davon dürfte es für Kinder einfacher sein, wenn sie der Entschluss ihrer Eltern nicht wie ein Blitz aus heiterem Himmel trifft.

Wie können Kinder auf die Trennung ihrer Eltern vorbereitet werden? Sicher nicht dadurch, dass die Absicht, sich zu trennen, mit den Kindern monatelang vorher **diskutiert** wird. Wie wir anfangs schon betont haben: Kinder wollen nur in den seltensten Fällen, dass sich ihre Eltern trennen!

Kinder auf die Trennung vorzubereiten heißt nicht, mit ihnen monatelang vorher zu diskutieren.

Sätze wie »Ich finde es ja eigentlich auch gar nicht schön, aber versteh doch, wir verstehen uns einfach nicht mehr, wir streiten ständig« oder »Ich habe jemanden getroffen, den ich lieber mag als Papa (Mama)« verfehlen besonders bei jüngeren Kindern völlig ihr Ziel. Mag sein, dass sie aus »opportunistischen« Gründen zustimmen, damit ihnen wenigstens ein Elternteil erhalten bleibt, aber mit »Verständnis« hat es nicht das Geringste zu tun.

Generell gilt: Sagen Sie als Eltern dem Kind **gemeinsam**, dass Sie sich trennen werden, reden Sie also nicht »um den heißen Brei« herum, sondern teilen Sie es den Kindern als Tatsache mit, auch wenn dies schmerzhaft ist. Dafür sollten Sie sich gemeinsam vorbereiten, denn Ihr Kind oder Ihre Kinder werden dieses Gespräch wahrscheinlich ihr Leben lang im Gedächtnis behalten, führt es doch zu einer lebenslangen Veränderung der Situation ihren Eltern gegenüber. Es ist also sehr wichtig, was Sie sagen; dafür sollten Sie sich ausreichend Zeit nehmen und danach beide ansprechbar bleiben.

Falls es zutrifft, sagen Sie dem Kind ruhig, dass Sie sich geliebt haben, als es entstanden ist, und dass Sie es, was auch kommen mag, immer lieben werden, beide, jede und jeder auf ihre und seine Weise. Sprechen Sie bei den Kindern auch an, dass sie das Recht haben, diesen Entschluss nicht gutzuheißen. Sagen Sie, es tut Ihnen leid, dass es so gekommen ist. Sagen Sie vielleicht auch, dass Sie wirklich einiges versucht haben, aber dass Sie keinen anderen Ausweg mehr sehen.

Versuchen Sie, in diesem Gespräch immer wieder das Selbstwertgefühl des Kindes zu bestätigen, und sprechen Sie vor allem direkt an, dass es keinerlei Schuld an der Trennung hat. Benennen sie, wenn vorhanden, konkrete Gründe für die Trennung, zum Beispiel dass Papa oder Mama eine neuen Partner hat, dass Sie sich einfach zu viel streiten, dass deswegen das Familienleben, was die Kinder ja schon gemerkt haben werden, voller Spannung und Aggressionen ist. Sie können den Kindern auch dahingehend Mut machen, dass die Streitereien auf diese Weise aufhören und Mama und Papa wieder mehr Zeit für sie haben werden. Wichtig ist, dass Kinder nicht in pausenloses Grübeln geraten, warum alles so gekommen ist, und sich womöglich selbst dafür verantwortlich machen. Dass Sie sich vor dem Kind nicht gegenseitig abwerten, sollte selbstverständlich sein. Wenn nicht, verständigen Sie sich dahingehend vor dem Gespräch oder führen Sie es im Beisein eines Dritten, den Sie beide akzeptieren können.

Versuchen Sie, immer wieder das Selbstwertgefühl des Kindes zu bestätigen und sprechen Sie vor allem direkt an, dass es keinerlei Schuld an der Trennung hat.

Versuchen Sie doch, zusammen vor dem Kind eine Art »Gelöbnis« abzulegen, dass Sie sich vor ihm nicht gegenseitig schlechtmachen werden und nicht gegeneinander um das Kind kämpfen wollen. Dann kann Sie Ihr Kind später an diese »Verabredung« erinnern, die ja nicht immer einfach einzuhalten ist.

Wenn es kein gemeinsames Gespräch geben kann

Sie haben sich zum Zeitpunkt der Trennung bereits so auseinandergelebt, dass zumindest für den Moment kein »einheitliches« Auftreten mehr möglich ist oder die Wut, die Angst, die Enttäuschung oder Trauer so groß sind, dass Sie sich ein gemeinsames Gespräch einfach nicht zutrauen? Dann sollte zuerst der eine und später der andere mit den Kindern reden, aber unbedingt ohne gegenseitige Schuldzuweisungen.

Wählen Sie möglichst eine entspannte Situation, einen Spaziergang, einen Ausflug, ein Wochenende, wenn die Kinder von der Schule nicht bereits »völlig fertig« nach Hause kommen. Betonen Sie immer wieder, dass mit der Trennung auch eine Wende zum Besseren eingeleitet werden kann, aber versuchen Sie nicht, Ihre Kinder für Ihren Standpunkt zu gewinnen. Kinder dürfen traurig sein, dürfen wütend sein – je mehr sie ihre Emotionen herauslassen, desto besser ist es. Und auch nach diesem Gespräch sollte immer wieder einmal die Gelegenheit gesucht werden, das Gespräch fortzusetzen.

Versuchen Sie nicht, Ihre Kinder für Ihren Standpunkt zu gewinnen.

Welche Rolle spielt das Alter?

Da die Gesprächssituation natürlich auch von der seelischen und kognitiven Entwicklung der Kinder abhängt, im Folgenden noch einige Überlegungen, wie Sie abhängig vom Alter mit Ihrem Kind sprechen.

Kinder von 0 bis 3 Jahren

Es gilt als wissenschaftlich erwiesen, dass Kinder von Geburt an Stimmungen und Absichten ihrer Eltern bereits gut aufnehmen können und entsprechend ihrer Entwicklung auch »verarbeiten«. Hinzu kommt, dass für das kleine Kind existenziell wichtige Situationen bewusst kaum erinnert werden können, im »Unbewussten« aber weiter präsent sind. Deswegen ist es also auch schon in diesem Altersabschnitt wichtig, dem Kind auf möglichst sanfte Weise die Trennungsabsicht mitzuteilen.

Wenn das Kind noch nicht sprechen kann, sollten Sie ihm in einer entspannten Situation, etwa, wenn das Kind ruhig ist und mit Ihnen spielt, die Trennung mit ruhigen und warmherzigen Worten mitteilen. »Schatz, was wir dir jetzt sagen, tut uns beiden sehr leid, aber Papa und Mama werden sich trennen, und bald wird dann immer nur der eine oder der andere für dich da sein. Du brauchst deswegen aber keine Angst zu haben, denn einer wird immer für dich da sein, darauf kannst du dich verlassen. Und wir werden dich beide genauso lieb haben wie vorher. Mama hat dich lieb, der Papa hat dich lieb, wir beide haben dich lieb. Und wir werden beide aufpassen, dass wir uns vor dir nicht streiten oder heruntermachen, das versprechen wir dir beide.«

»Wir werden dich beide genauso lieb haben wie vorher!«

Selbst ein noch sehr kleines Kind von sechs Monaten versteht den »emotionalen Gehalt« dieser Sätze, und Sie beruhigen es damit. Dass eine lautstarke Auseinandersetzung vor dem Kind über die Gründe der Trennung stattfindet, verbietet sich von selbst. Dann lieber einzeln mit dem Kind sprechen.

Kinder von 3 bis 6 Jahren

Kinder von 3 bis 6 Jahren befinden sich in der »magischen« Phase ihrer intellektuellen Entwicklung. Es ist das Alter, in dem Kinder noch lernen zu unterscheiden, was »wirklich« und unabhängig von ihnen geschieht und was aus ihrer Vorstellung und Fantasie dazukommt. Oft verschmelzen auf diese Weise Realität und kindliche Vorstellung. Und je emotional stärker etwas empfunden wird, umso größer ist der Hang, die Wirklichkeit nach den eigenen Vorstellungen umzugestalten. Da liegt dann schon einmal

ein Krokodil unter dem Bett, da wird aus einem Strauch vor dem Fenster ein gefährliches Monster, welches das Kind schnappen will, oder es lauert ein Einbrecher hinter der Tür.

Gerade in diesem Altersabschnitt neigen deswegen viele Kinder dazu, die Trennung dadurch zu verarbeiten, dass sie in ihrer Fantasie nach Gründen suchen und dabei die Wirklichkeit und ihre Vorstellungen irrational miteinander verschmelzen. »Sie trennen sich, weil ich nie mein Zimmer aufgeräumt habe« – das sind Gedanken, die Kinder in diesem Alter tatsächlich haben und von denen sie vor allem fest überzeugt sind. Deswegen sollten Eltern gerade Kindern, die sich in diesem Entwicklungsabschnitt befinden, immer wieder sagen, dass sie keine Schuld haben an der Trennung der Eltern und das Kind nichts »Böses« getan hat, was zu dieser Situation geführt hat. Konkrete Gründe für die Trennung zu benennen würde ein Kind in diesem Alter überfordern. Wichtig ist aber auch hier die Versicherung, dass das Kind weiterhin »sicher« ist, dass es seine Eltern nicht

In diesem Alter neigen viele Kinder dazu, in ihrer Fantasie nach Gründen für die Trennung zu suchen und diese dann mit der Wirklichkeit irrational zu verschmelzen.

verliert, dass es niemals allein sein wird, weil seine Eltern immer gut auf es aufpassen werden.

Kinder von 6 bis 12 Jahren

Zuerst gelten für diesen Altersabschnitt natürlich auch die »allgemeinen Richtlinien«, die wir Ihnen schon gegeben haben. Nachdem Sie ihren Entschluss mitgeteilt haben, können Sie darüber hinaus Kinder ab dem Schulalter fragen, was sie von Trennungen und Scheidungen wissen, ob sie denn jemanden kennen (sicherlich!), dessen Eltern nicht mehr zusammen sind. Sie können die Kinder fragen, ob sie das Gefühl haben, diese Kinder seien unglücklicher als andere, und ihnen so ermöglichen, über ihre eigenen Ängste und Befürchtungen für die Zukunft zu sprechen.

Die Kinder müssen ihrer Zukunft vertrauen können und darauf, dass ihnen die Eltern beide erhalten bleiben.

Betonen Sie, dass Sie weiterhin zuverlässig für das Kind da sein werden, und sprechen Sie darüber, was Sie als Nächstes vorhaben und wie sich Ihr Alltag in nächster Zeit vermutlich gestalten wird. Sagen Sie dem Kind: »All diese Veränderungen haben nichts damit zu tun, dass ich dich weiterhin genauso lieb habe wie vorher.« Und: »Ich werde weiterhin genauso gut für dich sorgen wie bisher.«

Seien Sie ehrlich, denn Kinder spüren, wenn ihre Eltern ihnen etwas vormachen wollen. Auch spüren sie, wenn ihre Eltern Angst vor etwas haben, und bekommen dann selbst Angst. Sprechen Sie also auch über Ihre und die Ängste Ihres Kindes, wenn es sich ergibt. Aber betonen Sie, dass Sie die Zukunft für Ihre Kinder trotz der schmerzhaften Veränderungen weiterhin so gut und schön, wie es geht, gestalten wollen. Die Kinder müssen in diesem Moment, wo ihnen das Liebste genommen wird, dennoch ihrer Zukunft vertrauen können und darauf, dass ihnen die Eltern **beide** erhalten bleiben. Ihre Eltern verschwinden nicht von der Bildfläche, und vielleicht engagieren sie sich für ihre Kinder fortan besonders – gerade aus der Erfahrung, auf der Beziehungsebene gemeinsam Schiffbruch erlitten zu haben.

Übertreiben Sie nicht das »Argumentieren« – wichtig ist es zuallererst, den Kindern Sicherheit zu vermitteln und Zukunftsängste zu nehmen.

12 Jahre und älter

Für Kinder ab zwölf Jahren gilt das, was wir bereits zu den Kindern ab sechs Jahren geschrieben haben, nur dass die Kinder in ihrer kognitiven Entwicklung natürlich weiter und deshalb auch »Argumenten« zugänglicher sind bzw. selbst gern argumentieren. Dennoch sollte die »emotionale« Seite keinesfalls vernachlässigt werden. Das Kind »muss« nichts sagen, es darf auch schweigen. Es darf traurig oder wütend sein und auch aggressiv, was Eltern in dieser Situation, in der sie sowieso schon geschwächt sind, natürlich am wenigsten ertragen. Aber das Kind hat nicht nur ein Recht darauf, wütend zu sein, es ist oft auch besser, als sich scheinbar mit allem abzufinden, selbst wenn es für die Erwachsenen zunächst der einfachere Weg wäre. Unterdrückte Trauer oder Aggressionen der Kinder können sonst zu einem späteren Zeitpunkt versteckt oder offen ausbrechen. Und dann wird es für alle sehr viel schwieriger, damit umzugehen.

Das Kind muss nichts sagen, es darf auch schweigen.

Eine Trennung ab dem 12. Lebensjahr fällt mit der Pubertät der Kinder zusammen. Hier ist natürlich nicht der Ort, um auf alle möglichen Probleme eingehen zu können, die eventuell mit der Pubertät auftauchen, dazu ist in derselben Reihe wie dieses Buch ein Band von Elisabeth Raffauf erschienen, das Sie diesbezüglich zu Rate ziehen können.

Wie Sie wissen, stellt die Pubertät gerade hinsichtlich der Gefühle von Kindern eine stürmische Zeit dar, und dies ganz unabhängig von ihrer jeweiligen Lebenssituation. Ein Trennungsbeschluss der Eltern wird in dieser Zeit gefühlsmäßig anders verarbeitet als von jüngeren Kindern, wobei die Pubertät besonders dadurch gekennzeichnet ist, dass der Jugendliche sich von seinen Eltern abgrenzt, um für sich seine »eigene Identität« zu finden. So ist das Kind in der Pubertät hin- und hergerissen zwischen dem Drang, selbstständig zu werden und sich damit von von seinen Eltern zu »befreien«, und der Suche nach Schutz, weil dieser Freiheitsdrang eben auch Angst macht. Was erklärt, warum Kinder in der Pubertät einen Abend kuscheln wollen und den anderen Abend die Tür hinter sich zuknallen, um allein zu sein und mit den Eltern »nichts mehr« zu tun zu haben. Eine beabsichtigte Trennung oder Scheidung wird in dieses Schema sozusagen »eingebaut«.

In der Pubertät kommen Sätze wie »War doch eh klar, dass ihr euch scheiden lasst« bis »Ist mir doch egal, was ihr macht« deswegen häufiger vor, aber auch »Wenn ihr das macht, will ich nicht mehr leben« oder »Ihr seid die dümmsten Eltern, die ich kenne«. Allem wird sozusagen noch eins draufgesetzt, die Sätze sollen möglichst radikal klingen. Natürlich erzeugen solche Sätze aufseiten der Eltern Ängste und auch Schuldgefühle, weswegen es gerade in dieser Zeit wichtig ist, dass beide Eltern zusammen mit ihrem Kind in einer möglichst entspannten Atmosphäre das Gespräch suchen.

Freunde mit einzubeziehen kann eine Möglichkeit sein, mit pubertierenden Kindern ins Gespräch zu kommen.

Ist dies nicht möglich, könnte ein Gespräch mit den Eltern der besten Freundin oder des besten Freundes nützlich sein, um etwa über diesen oder diese in ein Gespräch mit dem eigenen Kind zu kommen. Nicht, dass man diese Freunde instrumentalisiert, dagegen sind gerade Kinder in der Pubertät besonders allergisch, aber sie einzubeziehen kann eine Möglichkeit sein, wenn das pubertierende Kind jedes Gespräch mit seinen Eltern ablehnt. Denn auch in dieser Entwicklungsphase ist es besonders wichtig, dass sich das Kind zur Trennung der Eltern äußern kann – d.h. nicht alles in sich (manchmal buchstäblich) hineinfrisst oder seine Trauer und Wut durch ein anderes, manchmal auch delinquentes Verhalten zum Ausdruck bringt.

Die Pubertät ist die Zeit, in der sich das Kind in seine Geschlechtsrolle als Frau oder Mann hineinfindet. Vater oder Mutter dienen hier häufig als Vorbilder, auch wenn die Kinder das natürlich nicht explizit zum Ausdruck bringen. Wie Sie als Erwachsene mit dem Trennungskonflikt umgehen können, hat also Modellfunktion für später – gerade Scheidungskinder haben manchmal Schwierigkeiten, später verlässliche Beziehungen aufzubauen, bzw. Angst davor.

Für Eltern bedeutet dies eine Gratwanderung: Zum einen werden sie dem Kind möglichst konkret die Gründe für das Scheitern der Beziehung nennen, zum anderen aber auch vermitteln, dass Trennungen kein »Naturgesetz« sind, dass Paare es auch besser machen können als sie selbst. Dies den Kindern mitzugeben ist besonders wichtig. Vielleicht sind Sie in der konkreten Trennungssituation zu solcher Souveränität nicht in der Lage, was ganz normal ist. Aber wenn die Wogen sich geglättet haben, sollten Sie immer wieder einmal im Gespräch mit Ihrem älteren Kind darauf zurückkommen, um dann vielleicht auch mehr über seine Ängste zu erfahren, die es gerade in dieser Zeit versucht, hinter »Coolness« zu verbergen. Bemerkungen wie »Beziehungen bringen nichts, das sieht man ja« oder »Das mit Frauen und Männern klappt sowieso nicht« sind Gift für pubertierende Jugendliche, die in diesem Alter von den ersten Liebesbeziehungen träumen und nach ihnen suchen.

Es ist wichtig, möglichst konkret die Gründe für das Scheitern der Beziehung zu nennen, aber gleichzeitig zu vermitteln, dass Trennungen kein »Naturgesetz« sind, dass Paare es auch besser machen können.

Akzeptieren Sie Wut und Trauer und lindern Sie gleichzeitig die Zukunftsängste Ihres Kindes

> Wenn immer möglich, sagen Sie Ihren Kindern gemeinsam, dass Sie sich trennen wollen. Denken Sie daran, dass sich Ihr Kind an dieses Gespräch wahrscheinlich ein Leben lang erinnern wird.

> Versuchen Sie nicht, Ihrem Kind die Trennung mit einer Fülle von Argumenten »schmackhaft« zu machen, akzeptieren Sie seine Wut und Trauer. Hinter einer »Zustimmung« des Kindes verbergen sich immer auch Ängste und Zweifel.

> Je nach Alter des Kindes sollten Sie bei diesem Gespräch besonders die positiven Seiten seiner Zukunft betonen.

> Legen Sie vor Ihren Kindern ein »Gelöbnis« ab, dass Sie sie nach wie vor genauso lieben werden wie vorher, dass sie sich bei Ihnen beiden weiterhin sicher fühlen können und dass Sie sich nicht gegenseitig heruntermachen werden.

> Auch ganz junge Kinder verstehen schon, dass etwas zwischen den Eltern nicht stimmt. Reden Sie also auch mit Ihrem sechsmonatigen Baby.

> Älteren Kindern sollte trotz allem ein positives Bild von Beziehungen zwischen Frau und Mann vermittelt werden.

Das Leben nach der Trennung

Die praktischen Probleme des neuen Alltags und der Umgang mit emotionalen und persönlichen Veränderungen bringen sowohl für die Kinder wie auch für die Eltern Probleme mit sich. Jetzt gilt es vor allem, dem Kind die nötige Sicherheit und das Vertrauen auf die elterliche Fürsorge zu geben.

Die ersten beiden Jahre sind die schwierigsten

Trennungen bringen eine Reihe einschneidender Veränderungen mit sich, in psychischer, sozialer, finanzieller, alltagspraktischer und beruflicher Hinsicht, manchmal auch, was die elterliche Sorge betrifft. Viele wissenschaftliche Erhebungen und Forschungsergebnisse sprechen dafür, dass die ersten Jahre, die der Trennung der Eltern folgen, für die Kinder (und Eltern!) die schwierigsten sind. Die Gründe dafür liegen auf der Hand.

Die ersten Jahre nach der Trennung sind für die Kinder (und Eltern!) die schwierigsten.

- Das Kind macht meistens mehr oder weniger unvorbereitet die Erfahrung, dass ein Elternteil die Familie verlässt, zumeist ist es der Vater. Gerade kurz nach der Trennung wird es sich immer wieder einmal besonders intensiv wünschen, dass der »verschwundene« Elternteil zurückkommt und es sich seine Eltern noch einmal »überlegen«. Auch gilt es, die erfahrene Machtlosigkeit gegenüber diesem Schritt zu kompensieren und das eigene Selbstwertgefühl wieder zu stärken.
- Nach der angekündigten Trennung muss der Auszug eines Partners bewerkstelligt werden. Jetzt bekommt das Kind mit, dass viele der ihm bislang so vertrauten Gegenstände die Wohnung oder das Haus verlassen. Wenn sich auch der Elternteil, bei dem das Kind bleibt, eine neue Wohnung nimmt oder – aus finanziellen Gründen – nehmen muss, verändert sich das soziale Umfeld des Kindes von Grund auf. Nun muss ein soziales Netz neu geknüpft werden, besonders wenn mit dem Wohnungswechsel auch eine Veränderung der Betreuungssituation, des Kindergartens oder der Schule stattfindet.
- Oft verschlechtert sich die finanzielle Lage der gesamten Familie, sodass Einschränkungen notwendig werden oder diese Einschränkungen durch Mehrarbeit verhindert werden müssen. Vielleicht fallen dem Vater jetzt mehr Aufgaben zu (was

durchaus wünschenswert ist), und er muss seine Arbeitszeit neu regeln. Die Mutter, die bislang halbtags gearbeitet hat, versucht, ihre Arbeitszeit zu verlängern, woraus sich die Frage ergibt, wer dann für ihr Kind sorgt. Gerade wenn es die Unterstützung der Mutter und des Vaters am dringendsten bräuchte, sind diese kurz nach der Trennung oft weniger präsent als vorher.

- Für den Elternteil, der die Versorgung und Erziehung der Kinder übernimmt, wächst die Verantwortung. Für den Elternteil, der ausgezogen ist, bedeutet die Neuregelung des Umgangs mit dem Kind häufig eine Einschränkung des Kontakts.
- Nach einer Trennung oder Scheidung verändert sich das Selbstbild der Eltern und damit auch der Blick der anderen. Nun gehört man zur Gruppe der »Alleinerziehenden« oder der »Wochenendväter«.
- Hinzu kommen – manchmal sofort, manchmal nach einigen Monaten – neue Partner der Mutter oder des Vaters, mit denen sich die Kinder ebenso arrangieren müssen wie vielleicht mit neuen »Geschwistern«.

Ob Kinder wieder ins Bett machen, schlecht träumen, nicht allein sein wollen, aggressiv werden, unruhig werden oder sich gänzlich in sich zurückziehen – beide Eltern müssen in dieser Zeit sehr genau hinsehen, wie es ihren Kindern geht und was sie außerhalb der Familie so treiben. Gerade ältere Kinder in der Pubertät machen manchmal mit extremem Verhalten – ob übertriebenem Alkohol- oder Drogengenuss, Vandalismus oder kleineren Diebstählen – auf ihr Leiden, das sie nicht direkt äußern können oder wollen, aufmerksam und sind dann besonders offen für »äußere Einflüsse«, die ihnen nicht immer guttun.

Das sind schon viele »harte Fakten«, auf die sich die Kinder einstellen müssen. Hinzu gesellt sich aber noch der Umstand, dass eine Trennung fast immer einen unglücklichen Partner zurücklässt, meistens den, der verlassen wurde, wohingegen der andere oft geradezu aufblüht. Auch dies müssen Kinder ausbalancieren, denn sie wollen dem einen Elternteil ja seine Freude nicht nehmen und haben gleichzeitig Mitleid mit dem oder der, die unglücklich zurückgelassen wurde. Alles in allem ist das eine Menge auf einmal, was Kinder aushalten und womit sie fertig werden müssen, und je nach Alter reagieren sie mit deutlichen Stresssymptomen.

Es ist eine Menge auf einmal, womit Kinder fertig werden müssen, und manche reagieren mit deutlichen Stresssymptomen.

Die wichtigsten Regeln für die ersten beiden Jahre nach der Trennung

Kurz nach der Trennung und die erste Zeit danach ist es besonders wichtig (obwohl das zugegebenermaßen gerade jetzt am schwierigsten ist), dem Kind zu vermitteln, dass es sich **hundertprozentig sicher** fühlen kann. Folgendes sollten Sie in der Zeit kurz nach der Trennung also unbedingt beachten:

- Das Kind muss jetzt genau wissen, »woran es ist«, muss die Erfahrung machen, in beiden Eltern eine verlässliche Stütze zu haben. Dazu gehören genau festgelegte Rituale beim morgendlichen Aufstehen, Verlassen der Wohnung (das Kind in die Kinderkrippe, den Kindergarten oder in die Schule bringen), klar geregelte Zeiten, um wieviel Uhr das Kind nach Hause kommt, und bei Kindern unter 10 Jahren, wenn irgend möglich, dass sie beim Nachhausekommen von einer ihnen vertrauten Bezugsperson empfangen werden. Das kann die Mutter sein oder der getrennt lebende Vater, natürlich auch die Oma oder der Opa, ebenso eine Tante oder gute Freunde, die das Kind kennt. Gerade in der ersten Zeit nach der Trennung müssen diese Rituale **absolut zuverlässig** von den Eltern organisiert und befolgt werden, denn auf einem Gefühl von Sicherheit und Schutz basieren sämtliche weiteren Schutzfaktoren für die Kinder, auf die wir ab Seite 61 zu sprechen kommen. Im Übrigen läuft in den Augen des Kindes ein in einer festen Alltagsstruktur (Rituale) eingebundener Partner auch nicht so schnell wieder weg wie einer, von dem das Kind gar nicht genau weiß, was er eigentlich macht oder wann er auftaucht.
- Auf das Problem des ganz »abwesenden Vaters« kann an dieser Stelle nicht besonders eingegangen werden. Die wenigen

In der ersten Zeit nach der Trennung müssen Rituale absolut zuverlässig von den Eltern organisiert und befolgt werden, um ein Grundgefühl von Sicherheit aufzubauen.

Forschungsergebnisse legen aber nahe, dass Töchter mit ihren Müttern besser damit fertig werden als Mütter mit in dieser Zeit meist ziemlich rebellischen kleinen und größeren Jungen. Ein Rückzug des Vaters ist besonders für die kleinen Jungen kaum auszuhalten, da sie sich besonders mit seiner Unterstützung »in die große, weite Welt« hinauswagen und sich mit ihm bis zum Alter von etwa 10 Jahren besonders stark identifizieren. Anders liegt der Fall vielleicht dort, wo der Vater auch bislang keine große Rolle in der Familie gespielt hat.

> Zu der in dieser Zeit besonders geforderten Aufmerksamkeit für die Kinder gehört Ihre Gesprächsbereitschaft – nicht das »Ausfragen«, sondern ein gegenseitiges Sichmitteilen. Eltern können und sollten durchaus darüber sprechen, wie sie diese neue Situation empfinden, und sie können darüber das Gespräch auf die Ängste und Hoffnungen der Kinder lenken.
> Haben Sie das Gefühl, dass Sie mit der Situation nicht mehr fertig werden oder Ihnen Ihre Kinder entgleiten, nehmen Sie unbedingt professionelle Hilfe in Anspruch. Dies gilt besonders, wenn sich beim »zurückgelassenen« Elternteil anhaltende depressive Verstimmungen einstellen, die sich leicht auf das Befinden der Kinder übertragen.
> Neue Partnerinnen und Partner müssen ebenso wie neue »Geschwister« behutsam eingebracht werden. (Dazu gleich mehr im nächsten Abschnitt.)
> All das bedeutet auch, dass die Eltern hinsichtlich ihrer Kinder – und dies in einer Zeit, in der es ihnen naturgemäß am schwersten fällt – an einem Strang ziehen. Sich gegenseitig schlecht zu machen und die Schuld für die entstandene schwierige Situation in die Schuhe zu schieben belastet Kinder weit über das Erträgliche hinaus. Kinder lieben weiterhin beide Eltern, deren Teil sie ja sind, und die Abwertung eines Elternteils wird als eigene Abwertung empfunden.

Ein Rückzug des Vaters ist besonders für kleine Jungen schwer zu ertragen, da sie sich mit ihm bis zum Alter von etwa 10 Jahren besonders stark identifizieren.

Wo wohnt das Kind?

Auch hier gilt es, wenn möglich, für Kontinuität zu sorgen. Weil in dieser Zeit das soziale Bezugsfeld für die Kinder besonders wichtig ist (Kindergarten, Schule, Freunde, bekannte Plätze und Wege), sollten die Kinder, wenn es geht, zumindest für die nächste Zeit, in »ihrer« Wohnung bleiben. In den meisten Fällen ist dies, unabhängig vom Scheidungsgrund, die Wohnung der Mutter. Sie stellt dann das »Basislager« dar, von dem aus sich die Kinder in ihre »neue Welt«, zu der auch die Wohnung des getrennten Elternteils gehört, aufmachen.

Ist ein Wohnungswechsel unausbleiblich, sollte der Kontakt zum bekannten Umfeld des Kindes möglichst gewahrt bleiben. Das funktioniert natürlich nur, wenn die neue Wohnung nicht zu weit entfernt ist. Dann können – wenn möglich – Freunde an Wochenenden eingeladen werden, ältere Kinder unternehmen vielleicht selbst Ausflüge zu den alten bekannten »Plätzen«, um sich dort mit ihren Freunden und Freundinnen zu treffen. Sprechen Sie sich auch mit den Eltern der Freunde ab. Vielleicht können die Kinder einmal bei ihren Freunden übernachten und dort ein ganzes Wochenende verbringen, was nicht nur Spaß macht und Ablenkung verschafft, sondern auch dem alleinerziehenden Elternteil Entlastung bietet. Der muss jetzt ja ebenfalls neue soziale Kontakte aufbauen, und je besser ihm das gelingt, desto mehr profitiert das Kind davon, sich selbst ein neues soziales Netz zu knüpfen. Eltern haben immer auch eine Vorbildfunktion!

Das bekannte Umfeld sollte dem Kind erhalten bleiben, wenn möglich auch im Falle eines Wohnungswechsels.

In jüngster Zeit wird bei uns das sogenannte »Wechselmodell« diskutiert und teilweise auch praktiziert. Man versteht darunter die abwechselnde Betreuung von Kindern durch Vater und Mutter nach der Trennung bzw. Scheidung, so dass das Kind etwa eine Woche bei der Mutter, eine Woche beim Vater bleibt usw. Auch wenn manches für dieses Modell spricht – kein Elternteil wird aus seiner Verantwortung entlassen –, spricht doch mehr dagegen: Dazu im nächsten Abschnitt mehr.

Von Besuchen und Urlaubszeiten

Eng verknüpft mit der Wohnungsfrage ist die Frage nach den Besuchszeiten. Diese werden je nachdem, wie weit die Eltern auseinander wohnen oder wie es ihre Arbeitssituation zulässt, immer unterschiedlich geregelt sein. Aber auch hier gilt es, dem Kind ein Höchstmaß an Sicherheit und Verlässlichkeit zu vermitteln.

Es sollten klare Besuchsregelungen geschaffen werden, auf die sich das Kind einstellen kann, und keine »Spontanauftritte«. Verabredungen müssen eingehalten und Rituale gefunden werden, die den Besuch nicht jedes Mal zu einer Art Überraschungsparty werden lassen. Der sonst abwesende Elternteil sollte das Kind beim Besuch in jedem Fall auch in seinen Alltag einbeziehen, denn dies vermittelt ihm die nötige Sicherheit. Es weiß, wie sein geliebter Vater oder seine geliebte Mutter den Alltag verbringt, und vermag sich dies in seiner oder ihrer Abwesenheit vorzustellen. Die Kinder wissen, wann sie ihren Vater oder ihre Mutter wo am besten erreichen und können auch selbst die Initiative ergreifen, mit ihm oder ihr zu sprechen oder sie nach Absprache mit beiden Eltern zu treffen.

Es sollten klare Besuchsregelungen geschaffen werden und diese müssen dann mitsamt den dazugehörigen Ritualen eingehalten werden.

Die Besuchsregelungen sehen in den meisten Fällen so aus, dass die Kinder – zumeist bei der Mutter – ihr »Basislager« haben und von dort aus, vorzugsweise an einem Tag in der Woche, an den Wochenenden oder in der Ferienzeit, zum anderen Elternteil gehen. Das ist unter psychologischen Gesichtspunkten durchaus sinnvoll. Besonders jüngere Kinder brauchen ein Zentrum, an dem sie sich sicher und geborgen fühlen und von dem sie mit dem sicheren Gefühl aufbrechen, später wieder dorthin zurückkommen zu können.

Regelungen wie das oben beschriebene »Wechselmodell«, die vorsehen, dass das Kind eine Woche bei dem einen und die nächste Woche bei dem anderen ist, stiften neben einer Reihe von orga-

nisatorischen Schwierigkeiten auch beim Kind eher Verwirrung. Es führt buchstäblich ein Doppelleben und leicht geht ihm der Mittelpunkt, um den herum es seine Identität aufbaut, verloren. Es wechselt zwischen zwei Welten, und oft kommt ihm dabei das Gefühl der »Ganzheit« abhanden. Eine solche Regelung setzt also eine hohe Anpassungsfähigkeit des Kindes voraus, was besonders für jüngere Kinder gerade in dieser schwierigen Zeit eine zu hohe Bürde darstellt. Zudem setzt eine solche Regelung einen ständigen Kommunikationsaustausch der Expartner voraus, und das fällt kurz nach der Trennung meistens besonders schwer.

Patchworkfamilien

Ähnlich wie das Wort »Handy« ist das Wort »Patchworkfamilie« eine deutsche Erfindung, denn in England oder den USA heißt diese Familienform in den meisten Fällen noch »step family«, die neu hinzugekommenen Partnerinnen oder Partner werden »Stiefmutter« bzw. »Stiefvater« genannt. Diese Bezeichnungen sind bei uns mehr oder weniger aus der Mode gekommen, wohl auch deshalb, weil ihnen immer noch eine negative Bedeutung anhaftet: Wer kennt sie schließlich nicht, die bösen Stiefmütter aus den Märchen der Brüder Grimm!

In »Patchworkfamilien« bringt mindestens ein Partner ein Kind aus einer vorangegangenen Ehe oder Beziehung mit, egal, ob das Kind nun die ganze Zeit oder nur für ein Wochenende oder die großen Ferien »Mitglied« der neuen Familie ist. Bei den meisten Patchworkfamilien kommen schließlich noch »eigene« Kinder hinzu, deren leibliche Eltern das neue Paar sind; eventuell bringen auch beide Seiten Kinder in den vergrößerten Familienverband ein. Und geht eine Patchworkfamilie in die Brüche – das kommt sogar häufiger vor als bei den ersten festen Partnerschaften mit Kindern –, ordnen sich die Beziehungen wiederum neu. Aus der einen Patchworkfamilie wird eine neue, manchmal auch größere. Das klingt nicht nur kompliziert, sondern ist es auch, wie wir in den weiteren Ausführungen sehen werden.

Auch Patchworkfamilien sind heute – wie Scheidung oder Trennung – keine Ausnahme mehr, sondern schon fast zum »Normalfall« geworden, Kinder, die in einer solchen Familie leben, müssen sich deswegen keinesfalls schämen – ganz im Gegenteil. Promis wie Exkanzler Schröder oder der französische Präsident Sarkozy sind ebenso »Patchworker« wie Stars und Sternchen à la Boris Becker oder Madonna. Und schließlich haben wir zurzeit ein Staatsoberhaupt, das eine Tochter aus erster Ehe in die Patchworkfamilie eingebracht hat, ein gemeinsames Kind mit seiner Frau hat, und diese wiederum hat ein Kind aus nichtehelicher Gemeinschaft. Dass »neu zusammengesetzte Familien« (auch dieser Begriff wird manchmal benutzt) »normal« geworden sind, wissen alle nicht betroffenen Eltern aus den Berichten ihrer Kinder über Klassenkameraden, aus dem Freundes- und Bekanntenkreis oder eben aus den Klatschspalten der Regenbogenpresse.

Patchworkfamilien sind heute keine Ausnahme mehr, sondern schon fast zum »Normalfall« geworden.

Laut Statistischem Bundesamt wächst in Deutschland bereits jedes vierte Kind zweitweise in sogenannten alternativen Lebensformen auf, also bei »(Noch-)Alleinerziehenden oder (Schon-)Patchworkern«.

Ähnlich wie bei Trennung oder Scheidung scheint also manches ganz normal und »easy«, doch bei näherem Hinsehen zeigt sich, dass die »bunte Mischung« in einer Familie auch Gefahren und Risiken birgt, deren sich die Eltern bewusst sein müssen, damit für die Kinder aller Beteiligten gut gesorgt ist.

Kinder, die in Patchworkfamilien leben, haben meistens alles doppelt, und das macht es nicht gerade einfacher. Sie haben doppelte Mütter, also ihre leibliche Mutter, bei der sie (meistens) leben, und eine »Mutter«, die, meistens beim Vornamen genannt, Mutterfunktionen immer dann übernimmt, wenn diese Kinder in »ihrer« Familie sind, die sie, zumeist mit dem leiblichen Vater dieses Kindes, neu gegründet hat. Auch Väter kommen in doppelter Form vor – als »leiblicher« Vater, der das Kind meistens außerhalb der Patchworkfamilie besucht, und als neuer Partner der leiblichen Mutter. Patchworkkinder haben leibliche Geschwister und »Halbgeschwister«, die gemeinsam in der »Patchworkfamilie« wohnen, oft aber auch räumlich getrennt leben und nur für bestimmte Zeit (zum Beispiel in den Ferien) eine gemeinsame Familie bilden. Viele Kinder berichten stolz von ihren sechs Großeltern, die ihnen alle etwas schenken. Patchworkkinder feiern häufig zweimal Weihnachten, zweimal Geburtstag, zweimal kirchliche Feste wie Kommunion oder Konfirmation, alles Gelegenheiten, bei denen sich ihre »alten« Eltern manchmal sogar zusammentun und bei denen die Patchworkfamilie, in die sie anschließend nichtsdestoweniger zurückkehren, außen vor bleibt.

Kinder, die in Patchworkfamilien leben, haben meistens alles doppelt, und das macht es nicht gerade einfacher.

Wenn Sie als Leser jetzt über die verschiedenen Variationen, die eine Patchworkfamilie in sich birgt, schon etwas durcheinandergeraten sind – wie wird sich eine solche Konstellation erst auf die betroffenen Kinder auswirken, die in diesem auf den ersten Blick ja wirklichen Durcheinander leben? Aus diesem einfachen Gedanken leitet sich denn auch die wichtigste Forderung an alle beteiligten Erwachsenen ab.

Geben Sie den Kindern viel Zeit, sich an die neue Situation zu gewöhnen. Eine »Patchworkfamilie« sollte man nicht überstürzt und im ersten Stadium neuer Verliebtheit gründen, sondern erst dann, wenn sich alle Beteiligten schon aneinander gewöhnt haben. Wichtig ist auch hier, mit den Kindern über seine Pläne zu reden, und dies weder in Form einer bloßen Mitteilung noch mit dem Kind als quasi gleichberechtigtem Partner. Wenn das Kind Ängste und Zweifel äußert, was durchaus wünschenswert sein kann und zeigt, dass es sich ernsthaft mit seiner neuen Situation beschäftigt, muss man seine Sorgen ernst nehmen, was nicht heißt, dass man seine Entscheidung – außer das Kind zeigt auffallende Ängste und psychische Symptome – daran tatsächlich ausrichten sollte. Im Grunde gilt hier dasselbe, was wir bereits im Kapitel »Wie sage ich es meinen Kindern?« ausgeführt haben.

Schaffen Sie klare Strukturen. Kinder müssen gerade in für sie besonders am Anfang undurchschaubaren oder verwirrenden Situationen wissen, woran sie sich halten können. Deshalb sollte in Patchworkfamilien – etwas vereinfacht ausgedrückt – der leibliche Elternteil die Erziehungshoheit über sein Kind ausüben, was bei gemeinsamen Kindern natürlich für beide Eltern gilt. Dies sorgt in Konfliktfällen, die es in jeder Patchworkfamilie geben wird, von Anfang für Klarheit.

Die Beziehung zu »leiblichen« Kindern und den Kindern Ihres Partners/Ihrer Partnerin sind anders. Dies hat nichts mit einer »Blut-und-Boden-Ideologie« zu tun und auch nichts damit, dass die einen Kinder mehr wert sind als die anderen. Aber es ist ein erwiesener Fakt, dass wir zu unseren leiblichen Kindern eine andere Beziehung haben, auch deshalb, weil wir mit ihnen eine andere Geschichte teilen als mit Kindern, die durch eine Partnerwahl dazukommen. Entsprechende Internetforen sind denn auch voll von Beispielen, dass die Kinder aus »Wahlverwandtschaften« nicht denselben Status haben wie die »eigenen« Kinder, was sich häufig belastend auf die neuen Beziehungen in der Patchworkfamilie auswirken kann. Das Beste ist, dies vonseiten aller Beteiligten von Anfang zu akzeptieren. Das erspart viele Konflikte zwischen den Erwachsenen und Verwirrung aufseiten der Kinder. Die Tatsache, dass die Kinder selbst diesen Unterschied machen, indem sie den einen »Papa« und den anderen beim Vornamen nennen, deutet bereits auf eine unterschiedliche Verteilung von Verantwortlichkeiten hin.

Die Kinder selbst unterscheiden, indem sie den einen »Papa« und den anderen beim Vornamen nennen. Dies deutet auf eine unterschiedliche Verteilung von Verantwortlichkeiten hin.

Natürlich sollte man die leiblichen Kinder aus der vorangegangenen Beziehung vor den »neuen« gemeinsamen Kindern nicht ständig in den Schutz nehmen und sie »vorziehen« – dass sie es insgesamt aber schwerer haben, sollten alle Beteiligten nicht nur wissen, sondern sich auch entsprechend verhalten. Die gemeinsamen Kinder in der neuen Beziehung haben ja ihren »Papa« und ihre »Mama« gemeinsam vor Ort, wohingegen den anderen Kindern oder dem anderen Kind immer einer fehlt. Dass dies zu Eifersucht, Rückzug und Traurigsein führen kann, liegt auf der Hand und sollte akzeptiert werden. Weswegen es auch wichtig ist, dass nicht immer alle an allen Aktivitäten beteiligt sein müssen. So kann der »Papa« auch einmal etwas nur mit seinen aus der früheren Beziehung stammenden Kindern unternehmen, insbesondere, wenn es einen deutlichen Altersunterschied zwischen diesen und den Halbgeschwistern gibt, auch wenn das zunächst nicht alle Beteiligten freudig begrüßen werden. Zum Beispiel einen Wochenendausflug oder einen Urlaub ohne die Halbgeschwister und vielleicht auch ohne den neuen Partner oder die neue Partnerin. Es geht darum, den Kindern, denen in der neuen Familienkonstellation ja immer ein Elternteil fehlt – eine Erfahrung, die sie tagtäglich machen –, auch einmal ein »Privileg« zu gönnen, das die anderen nicht haben.

Verlässliche Strukturen sind wichtig

> In der Zeit kurz nach der Trennung gilt es vor allem, für die Kinder verlässliche Strukturen zu schaffen. Oma, Opa und gute Freunde können dabei helfen.

> Die Kinder brauchen gerade in dieser Zeit ein »Basislager« oder »Zentrum«, von dem aus sie sich auf alle neuen Veränderungen einstellen können.

> Beziehungen zu neuen Partnerinnen und Partnern sollten behutsam und mit Rücksicht auf die Gefühle der Kinder aufgebaut werden.

> Auch in dieser Zeit sollten Eltern ihren Kindern immer wieder Gesprächsbereitschaft signalisieren, ohne diese aber einzufordern.

> »Allianzen« gegenüber dem getrennten Elternteil zu bilden belastet die Kinder.

> Geht es einem der Eltern psychisch schlecht, ist es ratsam, möglichst rasch professionelle Beratung aufzusuchen.

> In »Patchworkfamilien« mit ihren vielen verschiedenen Konstellationen müssen die Beziehungen zwischen eigenen und »angeheirateten« Kindern sorgsam ausbalanciert werden.

Gibt es lang-fristige Folgen für die Kinder?

Trennung und Scheidung können bei etwa 10 bis 20 Prozent der betroffenen Kinder zu langfristigen Folgen führen. Diese finden sich kaum oder gar nicht im kognitiven Bereich, betreffen also weniger schulische und später berufliche Leistungen als vielmehr den emotionalen Bereich.

Die wichtigsten Untersuchungsergebnisse

Über die langjährigen Folgen einer Trennung für die Kinder sind sich die eingangs genannten Autorinnen der beiden großen Scheidungsstudien, Judith Wallerstein und Mavis Hetherington, in einigen Punkten uneins, was auch mit den unterschiedlichen Forschungsansätzen und ihrer »politischen« Einstellung gegenüber der hohen Anzahl von Trennungen und Scheidungen in den westlichen Gesellschaften zu tun hat. Einig aber sind sie sich in einem wichtigen Punkt: Es gibt keine Gesetzmäßigkeit, dass Trennung und Scheidung der Eltern automatisch zu »bleibenden Schäden« bei den Kindern führen. Und beide Autorinnen sind sich auf der Grundlage zahlloser Berichte von Scheidungskindern und Interviews mit deren Umfeld auch darin einig, dass das spätere Lebensglück dieser Kinder davon abhängt, wie sich ihre Eltern nach der Trennung verhalten.

Es gibt keine Gesetzmäßigkeit, dass Trennung und Scheidung der Eltern automatisch zu »bleibenden Schäden« bei den Kindern führen.

Mavis Hetherington und ihre Forschergruppe fanden zusätzlich heraus, dass bereits im zweiten Jahr nach der Trennung bei der überwiegenden Anzahl der Kinder eine deutliche Verbesserung ihrer psychischen Situation festzustellen war und die meisten Jungen und Mädchen sich wieder ganz gut zurechtfanden. Insgesamt kommt ihre Studie mit über 1.500 Kindern und über einen Zeitraum von 30 Jahren zu dem Schluss, dass sich 80 Prozent der Kinder aus geschiedenen Familien auf ihr neues Leben gut einstellten und mehr oder weniger zu ausgeglichenen Individuen wurden. 20 Prozent kamen hingegen mit ihrem Leben schlecht oder sehr schlecht zurecht. Nun finden sich unter den Menschen, die mit ihrem Leben große Schwierigkeiten haben, natürlich auch solche aus intakten Familien, weshalb die Autorin auch diese in ihre Untersuchung einbezog. Vergleicht man die Gruppe der Kinder aus »intakten« Familien mit denen von

Scheidungsfamilien, so werden aus intakten Familien, die ja oft gar nicht so »heil sind«, wie sie nach außen hin scheinen, zehn Prozent der Kinder zu späteren »Problemfällen« – im Vergleich zu 20 Prozent aus geschiedenen Familien.

Alle diese Zahlen zusammengenommen zeigen, dass von Scheidungskindern insgesamt zehn Prozent mehr Gefahr laufen, in ihrem späteren Leben nicht so gut zurechtzukommen, als in der Gruppe aller übrigen Kinder. Das ist keine alarmierende Zahl, aber immer noch zehn Prozent zu viel, um die sich Eltern und die gesellschaftlichen Institutionen besonders kümmern müssen.

Angst, verlassen zu werden, ist ein Gefühl, das viele Scheidungskinder ein Leben lang begleitet.

Judith Wallerstein fragte bei einigen Scheidungskindern ihrer Studie in regelmäßigen Abständen und bis zu 20 Jahre nach der Scheidung ihrer Eltern noch einmal besonders nach und fand heraus, dass Kinder aus Scheidungsfamilien womöglich in ihrem Leben als Erwachsene vermehrt unter Bindungsstörungen leiden. Sie sind demnach oft stärker als üblich an ihre Eltern gebunden, so als wollten sie noch nicht loslassen, und tun sich deswegen auch insgesamt schwerer mit dem »Erwachsenwerden«, vielleicht, weil sie die Entscheidung, sich an jemand neuen zu binden, hinauszögern wollen. Dies kann zu Vermeidungsverhalten bei der Partnerwahl ebenso führen wie zu sehr oberflächlichen Beziehungen – vielleicht aus Angst, alsbald wieder verlassen zu werden, ein Gefühl, das viele der Scheidungskinder nach Auffassung von Wallerstein ein Leben lang begleitet. Die amerikanische Forscherin vermutet also, dass die langjährigen Folgen der Trennung der Eltern sich besonders in der späten Adoleszenz und dann im früheren Erwachsenenalter zeigen würden, und zwar besonders in einem Bereich, in dem es um die Bindungen und Beziehungen zu nahen Bezugspersonen geht. Diese Beobachtung wird auch von Untersuchungen von Bindungstheoretikern bestätigt.

Nimmt man beide Studien und weitere wissenschaftliche Untersuchungsergebnisse zusammen, so lassen sie die Schlussfolgerung zu, dass Kinder, deren Eltern sich getrennt oder geschieden haben, besonders hinsichtlich ihres Gefühlslebens Probleme haben können. Da ihre Existenz – oft in ihrer frühen Kindheit – von Unsicherheiten und Ängsten geprägt war, scheinen diese Gefühle sie sozusagen »unter der Oberfläche« auch später zu begleiten. Mangelndes Selbstwertgefühl, das Gefühl, »nicht liebenswert« zu sein, können die Folgen sein, die sich natürlich auch auf die Beziehungen auswirken, die sie später selbst eingehen. Auf der einen Seite sind diese dann von Unsicherheit und Schüchternheit geprägt oder – als Reaktion auf die eigenen Ängste – von übertriebenem Draufgängertum, um die eigenen Ängste zu verstecken. Jungen, besonders solche mit einem abwesenden Vater und keinem entsprechenden männlichen Ersatz, können später Probleme mit ihrer Rolle als Mann (auch im Verhältnis gegenüber Frauen) bekommen.

Die Auswirkungen auf die Schule

Mir ist zurzeit keine wissenschaftliche Untersuchung bekannt, die einen Zusammenhang zwischen Trennung und Scheidung und schulischem Verhalten und schulischen Leistungen erforscht hat. Zum einen ist dies bei mehr als einem Drittel von Scheidungskindern in fast jeder Großstadt-Schulklasse erstaunlich, wird doch sonst so ziemlich jede Frage untersucht, die Wissenschaftlern wichtig erscheint. Zum anderen ist diese Zurückhaltung betrachtet man sie im Sinne der betroffenen Kinder, aber auch begrüßenswert. Eine wissenschaftliche Studie in dieser Richtung könnte recht schnell zu einer vorschnellen Diskriminierung von »Scheidungskindern« führen.

Direkte Folgen einer Trennung der Eltern auf die kognitiven Leistungen von Schulkindern sind eher kurzfristig und auf die Belastung des Kindes in der akuten Trennungsphase seiner Eltern und die nötige Neuorientierung danach zurückzuführen. D.h., es kann zu einem »Abrutschen« in einigen Fächern oder schlechteren Noten generell kommen. Aller Erfahrung nach können die Kinder dies aber schnell kompensieren. Dennoch sollte die Belastung des Kindes den Lehrern gegenüber offen geäußert werden, damit die Schule in dieser Zeit keinen zusätzlichen Stressfaktor für das Kind darstellt. Die meisten Lehrer werden darauf mit Verständnis reagieren und ihre Erwartungshaltung an das Kind entsprechend anpassen.

Die emotionale Belastung durch Trennung oder Scheidung drückt sich in der Schule manchmal dadurch aus, dass sich das Kind anders als bislang verhält. Vielleicht zieht es sich im Unterricht und im Umgang mit seinen Klassenkameraden eher zurück und reagiert auf typische Schulkonflikte wie schlechte Noten, Streit mit anderen Kindern usw. labiler und ängstlicher. Auch in diesem Fall sollte unbedingt das Gespräch mit den Lehrern gesucht werden, um die Situation zu entschärfen und für das Kind erträglicher zu machen. Dass ein Kind auf die Trennung seiner Eltern emotional reagiert, ist völlig normal und man sollte in diesem Rahmen das Wort von den »Verhaltensstörungen« unbedingt vermeiden – auch vonseiten der Schule.

Manche Kinder beschäftigen die Trennung und Scheidung ihrer Eltern so stark, dass sie in der Schule jetzt unkonzentrierter und unaufmerksamer sind, nicht richtig still sitzen können oder sich leicht ablenken lassen. Oft werden sie auch schneller wütend und aggressiv. Da manche solcher »Symptome« denen einer »Aufmerksamkeitsdefizit-Störung«, kurz AD(H)S, ähneln, sollten Eltern vor einer entsprechenden Diagnose unbedingt die besondere psychische Situation des Kindes vorbringen. Denn die oben benannte »Störung« des Unterrichts durch das Kind stimmt nur bei oberflächlicher Betrachtung mit der in den psychiatrischen Diagnosekatalogen beschriebenen und dann auch entsprechend behandelten Aufmerksamkeitsstörung überein. Sie geht aber nicht auf »AD(H)S« zurück, sondern auf die seelische Verunsicherung des Kindes! Gerade bei solchen Kindern ist die vorschnelle Etikettierung als »aufmerksamkeitsgestört« deswegen fehl am Platz, da sie sich langfristig durchaus auf die weitere Schulkarriere des Kindes auswirken kann bis hin zur Medikation mit dem umstrittenen Präparat Ritalin.

Bei der Diagnose AD(H)S sollte bei Scheidungskindern immer auch die psychische Belastung mit berücksichtigt werden.

Insgesamt gilt, dass einer Verbesserung und Beruhigung der häuslichen Situation immer der Vorrang gegenüber der Vergabe jedweder Psychopharmaka für Kinder gebührt. Das heißt ganz schlicht: Vermitteln Sie dem Kind die nötige Liebe und Sicherheit (und »opfern« Sie dafür auch ausreichend Zeit!).

Probleme im emotionalen Bereich

> Es gibt keine Gesetzmäßigkeit, dass Trennung und Scheidung zu negativen langfristigen Folgen bei den Kindern führen.

> Wenn, dann äußern sich langfristige Folgen hauptsächlich im emotionalen Bereich. Zu den häufigsten Problemen zählen ein geringes Selbstwertgefühl, das Gefühl, nicht »liebenswert« zu sein, Bindungsprobleme in Partnerschaften aus Angst, verlassen zu werden, bei Jungen oft Unsicherheit mit der männlichen Identität.

> Weniger die schulischen Leistungen als das schulische Verhalten können von einer Trennung oder Scheidung der Eltern beeinflusst werden. Dies ist bei der Ursachenforschung bei den manchmal auftretenden Verhaltensauffälligkeiten immer mitzubedenken.

Schutzfaktoren für Scheidungskinder

Die nachfolgend aufgezählten »Schutzfaktoren« werden dafür sorgen, dass aus Ihren Kindern glückliche und zufriedene Erwachsene werden.

Trennung und Scheidung müssen nicht zu bleibenden Schäden bei den Kindern führen – dies ist eine wissenschaftlich bewiesene Tatsache. Doch dass es ihnen später im Leben gut geht, ist an bestimmte Voraussetzungen gebunden, die vielleicht mehr Einsatz von den Eltern erfordern, als dies bei intakten Familien notwendig ist. Zeigen die Eltern diesen Einsatz, brauchen sie sich auch keine Vorwürfe zu machen, dass ihre Familie, die sie einst zusammen gegründet haben, zerbrochen ist. Einige wichtige Punkte habe ich in den vorherigen Kapiteln schon angesprochen, hier sei das eine oder andere noch einmal zusammengefasst.

Trennung und Scheidung müssen nicht zu bleibenden Schäden bei Kindern führen – dies ist wissenschaftlich bewiesen.

Verlässlichkeit

Eltern müssen ihren Kindern nach der Trennung auf jeden Fall weiterhin verlässliche Eltern bleiben, auf deren Fürsorge und Schutz die Kinder, was auch passiert, bauen können. Das erfordert von beiden Eltern Planungsfähigkeit, Selbstdisziplin und Anpassungsfähigkeit an die neue Situation. Die Eltern sollten möglichst rasch eine verlässliche Alltagsstruktur aufbauen, in der sich das Kind aufgehoben fühlt.

Kinder brauchen ein »Basislager«, von dem aus sie ihr Leben nach der Trennung ihrer Eltern auf festem Boden aufbauen können. Ständiger Wechsel zwischen verschiedenen Orten wirkt besonders für jüngere Kinder (bis zu zehn Jahren) verunsichernd.

Keine gegenseitige Abwertung

Eltern müssen sich vor ihren Kindern nicht übertrieben harmonisch zeigen – die Kinder würden sich sonst fragen, warum sie sich eigentlich getrennt haben –, offener Streit und gegenseitige Beschimpfungen vor ihnen sollten aber unterbleiben, was nicht bedeutet, unterschiedliche Meinungen nicht auch zu zeigen. Ein »Gelöbnis« vor den Kindern, sich gegenseitig nicht schlechtzumachen, kann dabei eine gute Hilfe sein.

Keine übertriebene Verwöhnung

Eltern, die sich getrennt haben, sollten ihre Kinder nicht aus falsch verstandenem Schuldgefühl über die Maßen verwöhnen, das verspricht nur kurzfristig und scheinbar Sicherheit, sondern sie konsequent und verantwortlich für sich und andere erziehen. Nach übereinstimmenden Ergebnissen neuer Untersuchungen erwarten die Kinder gerade auch vom getrennt lebenden Vater, dass er kein »Laisser-faire« praktiziert (also alles erlaubt), sondern einen sogenannten autoritativen Erziehungsstil, also Verantwortung übernimmt, Grenzen setzt und für Verbindlichkeit steht.

Kinder werden durch die Trennung nicht zu »Partnern«

Gerade bei Alleinerziehenden besteht – oft ungewollt – das Problem, Kinder fortan als Partnerersatz zu betrachten, ein Wunsch, der häufig auch von den Kindern ausgeht, die jetzt für den alleingelassenen Elternteil sorgen wollen. Das führt im Extremfall dazu, den Platz des Expartners im Bett einnehmen zu wollen. Deswegen ist es wichtig, dass Eltern zwischen sich und ihren Interessen einerseits und den Kindern andererseits eine klare Trennungslinie ziehen. Ebenso sollten Kinder in Bezug auf die Beziehung zu einem neuen Partner keinesfalls »ins Vertrauen« gezogen werden. Das mag ihnen schmeicheln, überfordert sie aber und überlagert ihre eigenen Interessen.

Den Blick optimistisch in die Zukunft richten

Der Blick der Eltern sollte in die Zukunft gerichtet sein und nicht über die Maßen an der oder dem »Ex« kleben, es ist wichtig, gerade diesen Kindern einen optimistischen Blick in die Zukunft zu vermitteln. Immer nur davon zu reden, wie sehr man leidet, wie schön es früher war und wie schwierig jetzt, ist kontraproduktiv. Das bedeutet auch, eine gewisse Distanz des Kindes zum »leidenden« Elternteil ertragen zu können.

Natürlich ist das leichter gesagt als getan. Allzu oft drängen sich Eifersuchts- oder Rachegefühle und tiefe Verletzungen in den Vordergrund. Damit sollen die Erwachsenen das Kind aber, wenn möglich, nicht zu lange beschäftigen.

Bei Depression und lang anhaltender Trauer professionelle Hilfe in Anspruch nehmen

Eltern, die nach der Trennung vom jeweiligen Partner selbst psychisch geschwächt sind, sollten, wenn möglich, soziale Unterstützung von Angehörigen oder Freunden oder therapeutische Hilfe in Anspruch nehmen, wenn sie mit der neuen Situation (noch!) nicht angemessen umgehen können. Kinder orientieren sich am »Modell« ihrer Eltern, und dass sie sich sicher aufgehoben fühlen, ist für ihren weiteren Lebensweg existenziell bedeutsam.

Dem Kind ein gutes Selbstwertgefühl vermitteln

Zu den langfristigen negativen Folgen von Trennung und Scheidung gehört häufig ein geringes Selbstwertgefühl der Kinder. Oft empfinden sie immer noch eine Schuld an der Trennung, haben immer noch übertriebene Ängste in sozialen Situationen oder später beim Aufbau von Partnerbeziehungen. Deswegen ist es nach der Trennung so wichtig, den Kindern immer wieder zu vermitteln, dass sie liebenswert sind, dass toll ist, was sie machen – und dies auch, wenn die schulischen Leistungen anfangs etwas leiden.

Gemeinsam sind wir stark!

Dass Eltern trotz der Trennung kooperativ miteinander umgehen – zumindest, wenn es um ihr gemeinsames Kind geht –, ist ein besonders wichtiger Schutzfaktor für das Kind. Noch wichtiger aber ist, dass die Eltern dem Kind jeden Tag aufs Neue zeigen, dass sie es lieben, trotz allem, was geschehen ist, und dass diese Liebe auf jeden Fall hält – ein Leben lang.

Schutzfaktoren für Ihr Kind

So sorgen Sie dafür, dass aus Ihren Kindern glückliche und zufriedene Erwachsene werden.

> Verlässlichkeit

> Keine gegenseitige Abwertung

> Keine übertriebene Verwöhnung

> Kinder nach der Trennung nicht zu »Partnern« machen

> Den Blick optimistisch in die Zukunft richten

> Bei Depression und lang anhaltender Trauer professionelle Hilfe in Anspruch nehmen

> Dem Kind ein gutes Selbstwertgefühl vermitteln

> Gemeinsam sind wir stark!

Die juristische Seite

Trennung, Scheidung, Unterhalt, Gütertrennung und die Rücksicht auf die Kinder

Krise, Konflikt und Recht

Die gedankliche Sequenz »Krise – Trennung – Scheidung« mündet bei den Menschen, die solch ein Schicksal auf sich zukommen sehen, schnell in **die Frage nach der rechtlichen Seite** ein. Was für Vorschriften gelten für diese Situation, was muss ich bedenken, was darf ich nicht versäumen? Da liegt es nahe, anwaltlichen Rat einzuholen, wobei über die fachlichen Informationen hinaus oft auch noch Empfehlungen erbeten werden oder gleich die ganze Angelegenheit dem Rechtsanwalt oder der Rechtsanwältin übergeben wird. In manchen Fällen mag das unvermeidlich sein; damit ist aber die **Gefahr einer Eskalation** verbunden, die vielleicht eigentlich gar nicht gewollt ist und die oft zulasten der gemeinsamen Kinder gehen wird. Die streitige Auseinandersetzung kann zu Verletzungen und einer weiteren Entfremdung führen.

Wird ein Rechtsanwalt eingeschaltet, kann das leicht zur Eskalation führen.

Verbindliche rechtliche Vorschriften gibt es nur für die Beendigung der Ehe. Sie ist allein durch Scheidung möglich, die dem Familiengericht vorbehalten ist, das anlässlich der Scheidung auch die Altersversorgungen der Eheleute zu teilen hat. Alle anderen Regelungen kann das Paar selbst treffen.

Die Kenntnis der im Konfliktfalle maßgeblichen Rechtsvorschriften kann hilfreich sein, um eine Vorstellung davon zu bekommen, nach welchen Kriterien das Gericht im Streitfalle zu entscheiden hat. Die Entscheidung selbst lässt sich kaum je prognostizieren; aber die für eine Entscheidung maßgeblichen Gesichtspunkte können bei dem Bemühen um Verständigung als Anhaltspunkte dienen. Wichtig ist hierbei, sich ständig bewusst zu sein, dass es im Trennungsprozess nicht um die Lösung von Rechtsfragen geht, sondern um die Gestaltung der Zukunft mit Rücksicht nicht nur auf das Paar, sondern auch auf die Kinder.

Im Trennungsprozess geht es nicht um Recht, sondern vor allem um die Zukunft – auch des Kindes.

Trennung und Abschied

Die Ehe wird auf Lebenszeit geschlossen. [§ 1353 BGB]

Heutzutage müssen immer mehr Kinder miterleben, dass ihre Eltern sich trennen. Jede Trennung ist ein **Abschied**. Alle Übergänge von einer Lebensphase in eine andere sind Abschiede: Sie begleiten die Menschen vom Abstillen über Kindheit und Jugend, Schule, Ausbildung und Beruf und manchen Wechsel des Wohnorts oder den Wegzug von Freunden bis hin zum Abschied vom Berufsleben und zum Tode geliebter Menschen wie Großeltern und Eltern.

Eine neue Form des Abschieds sind die Trennung der Eltern und die Wechsel in der Zusammensetzung von Familien. Noch vor wenigen Jahrzehnten war die Scheidung einer Ehe die statistisch seltene Ausnahme und obendrein sozial missbilligt oder sogar geächtet. Der Familienverband war die – nicht selten unter Opfern verteidigte – Normalform des Zusammenlebens von Elternpaaren und Kindern.

Jede Trennung ist auch ein Abschied.

In der Regel endete die Ehe durch den Tod. Das ist mittlerweile, wie wir bereits betont haben, keineswegs mehr selbstverständlich. Es trifft nur noch für etwa zwei Drittel der Ehen zu, ein Drittel der Ehen endet durch Scheidung. Daraus folgt: Es gehört durchaus zu den realistischen Lebensperspektiven von Kindern, dass ihre Eltern sich irgendwann trennen können. Dies gilt erst recht dann, wenn die zunehmende Zahl von Kindern mit betrachtet wird, deren Eltern überhaupt nicht geheiratet haben und sich deshalb jederzeit auch formlos wieder voneinander lösen können.

Heutzutage gehört es zur **Normalität** von Schicksalen und Lebensläufen und zu den realistischen Lebensperspektiven von Kindern, dass Eltern sich trennen und neue Beziehungen eingehen, aus denen weitere Kinder hervorgehen. Neben Väter und Mütter treten deren neue Partnerinnen und Partner, neben die Geschwister treten die Halbgeschwister aus den neuen Beziehungen der Eltern, neben die Großeltern die Eltern der neuen Partnerin oder des neuen Partners von Vater oder Mutter. Dieser neue Typus der Familie wird gern als **»Patchworkfamilie«** (siehe auch Seite 46 ff.) bezeichnet.

Mag es auch viele gute Gründe geben, solch eine Entwicklung zu beklagen, so hilft es doch nichts, vor ihr die Augen zu verschließen. Auch dort, wo ein moralisches Unwerturteil naheliegen mag, trifft es doch jedenfalls nicht diejenigen, die keinerlei Verantwortung tragen und am stärksten unter den Folgen leiden – das sind die Kinder.

Die Auflösung einer »heilen« Familie, der Zusammenbruch einer eher geordneten Welt kann für Kinder eine Katastrophe sein. Niemand kann es verantworten, seine Kinder sehenden Auges in eine Katastrophe zu stürzen.

Die **Verantwortung** der Erwachsenen besteht also darin, sich bei der Neugestaltung ihrer Beziehungen so zu verhalten, dass den Kindern das Erlebnis einer Katastrophe erspart bleibt. Wenn die Kinder eine Chance haben sollen, die Trennung ihrer Eltern ohne Schaden zu überstehen, müssen die Eltern zumindest alles vermeiden, was diesen Vorgang mit der Wahrnehmung von Aggressivität und Feindschaft belastet. Das beginnt damit, dass Konflikt und Krise nicht als bedrohlich wahrgenommen werden, sondern als Herausforderungen des täglichen Lebens, die sich mit gutem Willen meistern lassen.

Alles sollte dafür getan werden, den Kindern das Erlebnis einer »katastrophalen« Trennung zu ersparen.

Trennung und neue Partnerschaft sind nicht nur ein Ende von etwas, nämlich der bisherigen Form der Familie, sondern auch der **Beginn einer neuen Lebensphase**. Die Aufgabe der Zukunft wird es sein, dieses Ereignis nicht nur als Ende und Katastrophe wahrzunehmen, sondern als Übergang zu einem neuen Lebensabschnitt für alle Beteiligten, den es gemeinsam zu gestalten gilt.

Das Recht der Eltern auf neues Glück gibt es nicht gratis. Wenn es auf Kosten der Kinder geht, wird es kein Glück sein, sondern von unguten Gefühlen begleitet und krisenanfällig bleiben. Der Preis für neues Glück ist die Rücksicht auf die bisherige Familie. Es gilt, die Zukunft gemeinsam so zu gestalten, dass möglichst viele der Bedürfnisse aller Beteiligten berücksichtigt und Verletzungen vermieden werden. Bei dieser Aufgabe geht es nicht nur darum, was für Ziele angestrebt und wie die Verhältnisse für die Zukunft gestaltet werden, sondern ebenso um den Weg dorthin, der nicht durch Streit und Rechthaben, sondern durch **gemeinsames Bemühen um Verständigung** gekennzeichnet sein sollte.

Das **Recht** kann Anhaltspunkte, aber nicht immer befriedigende Lösungen bieten. Auch wenn viele gesetzliche Vorschriften ihren guten Sinn und Gerechtigkeitsgehalt haben, kann doch das Recht oft keinen Frieden stiften. Dann werden nur das gemeinsame Bemühen um Verständigung und gegenseitige Rücksichtnahme zu Ergebnissen führen, die für alle Beteiligten in Ordnung sind.

Das Recht kann Anhaltspunkte, aber nicht immer befriedigende Lösungen bieten.

Das Band der Ehe kann allein durch das Gericht gelöst werden. Ein **unverheiratetes Paar** hingegen kann seine Gemeinschaft, auch wenn es eine gemeinsame Verantwortung für gemeinsame Kinder hat, von einem Tag auf den anderen ohne jede Formalität beenden. Die Entscheidung des Paares, sich nicht durch eine Eheschließung rechtlich zu binden, hat zur Folge, dass im

Konfliktfalle weniger Rechtsvorschriften zur Verfügung stehen. Weil die Entscheidung der Eltern gegen eine rechtliche Bindung möglichst nicht zulasten gemeinsamer Kinder gehen soll, gelten die allgemeinen Vorschriften des Kindschaftsrechts in gleicher Weise für die Kinder verheirateter wie unverheirateter Eltern. Außerdem verpflichtet das geltende Recht die nicht miteinander verheirateten Paare zu einem Mindestmaß an gegenseitiger unterhaltsrechtlicher Verantwortung nach der Geburt eines gemeinsamen Kindes.

Die nachfolgende Darstellung der rechtlichen Regelungen in ihren Grundzügen strebt keine umfassende Information an (die auf so knappem Raum nicht zu leisten wäre), sondern betont die **Perspektive des Kindeswohls in den jeweiligen Zusammenhängen**. Eine ausführlichere Darstellung findet sich in dem Buch »Versöhnliche Scheidung« (siehe Anhang).

Die folgenden Hinweise betonen die Perspektive des Kindeswohls.

Konfliktmanagement

Im Folgenden werden zu den einzelnen Problemen, die im Verlauf von Krise, Trennung und Scheidung auftreten können, jeweils die maßgeblichen gesetzlichen Vorschriften kurz und vereinfacht dargestellt. Darauf aufbauend folgen Überlegungen über ein Konfliktmanagement, das – nicht zuletzt im Interesse der Kinder – eine streitige Auseinandersetzung zu vermeiden hilft.

Trennung als Thema

Schon die Frage der Trennung selbst kann eine Herausforderung für das (Eltern-)Paar sein. Es versteht sich keineswegs von selbst, dass beide zur gleichen Zeit den Wunsch oder auch nur die Einsicht haben, eine bestehende Krise durch eine einvernehmliche

Trennung zu beenden. Bei großem Leidensdruck besteht sogar die Möglichkeit, die Trennung durch eine gerichtliche Zuweisung der Wohnung herbeizuführen.

Vor solch einem Schritt sollte allerdings gut bedacht werden, welche Variante – erzwungene Trennung oder Abwarten – die geringeren Belastungen für die Kinder mit sich bringt.

Wenn gemeinsame Gespräche nicht zu einer Verständigung führen, kann schon in solch einem frühen Stadium eine **Mediation** hilfreich sein. Wenn eine dritte Person, die sich nicht inhaltlich einmischt, dem Paar dabei hilft, seine Wünsche zu artikulieren und Argumente zu strukturieren, kann beispielsweise die zwischen beiden noch ungeklärte Frage nach dem Zustand der Beziehung erst einmal ausgeklammert und der Blick darauf gelenkt werden, wie solch eine Trennung denn realisiert werden und wie das Leben danach weiter gehen könne. Solch ein Gespräch kann in die gemeinsame Erkenntnis einmünden, dass es für eine Trennung noch zu früh ist; es kann aber auch zu Einsichten und zu praktischen Ergebnissen führen, aufgrund deren am Ende beide Seiten die Trennung akzeptieren und aktiv gestalten.

Schon in einem frühen Stadium der Auseinandersetzungen kann eine Mediation hilfreich sein.

Leben die Ehegatten voneinander getrennt oder **will einer von ihnen getrennt leben**, so kann ein Ehegatte verlangen, dass ihm der andere die Ehewohnung oder einen Teil zur alleinigen Benutzung überlässt, soweit dies auch unter Berücksichtigung der Belange des anderen Ehegatten notwendig ist, um eine unbillige Härte zu vermeiden. Eine unbillige Härte kann auch dann gegeben sein, wenn das Wohl von im Haushalt lebenden Kindern beeinträchtigt ist. [§ 1361b BGB]

Die elterliche Verantwortung

Auch nach der Trennung bleiben die **Eltern gemeinsam verantwortlich** für ihre Kinder.

Für das künftige Beziehungsgefüge des Kindes gilt, was eingangs schon allgemein über **das soziale Umfeld** des Paares und der Familie gesagt wurde: Je mehr davon erhalten werden kann, desto geringer ist die Belastung des Kindes, desto leichter wird es sich auch in der neuen Situation zurechtfinden.

Die Trennung der Eltern ändert nichts an der Tatsache, dass sie beide gemeinsam die elterliche Sorge und Verantwortung für ihr gemeinsames Kind haben. Es wird allenfalls ein wenig schwieriger, sie auch gemeinsam wahrzunehmen.

Die Eltern haben die Pflicht und das Recht, für das minderjährige Kind zu sorgen (elterliche Sorge). Die elterliche Sorge umfasst die Sorge für die Person des Kindes (Personensorge) und das Vermögen des Kindes (Vermögenssorge). [§ 1626 Abs. 1 BGB]
Die Eltern haben die elterliche Sorge in eigener Verantwortung und in gegenseitigem Einvernehmen zum Wohl des Kindes auszuüben. Bei Meinungsverschiedenheiten müssen sie versuchen, sich zu einigen. [§ 1627 BGB]

Wenn es ihnen gar nicht gelingen will, sich zu einigen (beispielsweise bei der Wahl des Kindergartens oder der Schule), können sie auch eine **Entscheidung des Gerichts** beantragen. Diese besteht allerdings nicht mehr – wie noch in jüngerer Vergangenheit – darin, dass die elterliche Sorge auf einen Elternteil allein übertragen wird; vielmehr beschränkt sich die gerichtliche Intervention darauf, das Entscheidungsrecht nur für die aktuelle Streitfrage auf einen Elternteil zu übertragen, im Übrigen bleibt die gemeinsame elterliche Sorge bestehen.

Können sich die Eltern in einer einzelnen Angelegenheit oder in einer bestimmten Art von Angelegenheiten der elterlichen Sorge, deren Regelung für das Kind von erheblicher Bedeutung ist, nicht einigen, so kann das Familiengericht auf Antrag eines Elternteils die Entscheidung einem Elternteil übertragen. Die Übertragung kann mit Beschränkungen oder mit Auflagen verbunden werden. [§ 1628 BGB]

Realistischerweise können beide Eheleute sich nur eine **Chance von je 50 Prozent** ausrechnen. Steht aber diese Chancenverteilung schon fest, so gibt es auch andere Verfahren mit gleicher Chance, die weniger Aufwand mit sich bringen als ein gerichtliches Verfahren: das Los, den Münzwurf (Wappen oder Zahl) oder den Würfel (gerade oder ungerade und Abstufungen). Dabei würfeln die Eltern nicht »um das Kind«; vielmehr suchen sie einen Ausweg aus einer Situation, in der oft auch eine gute Portion Rechthaberei im Spiel ist.

Diese Verfahren funktionieren schnell, kostenlos und ohne fremde Hilfe, und zwar in vielen Lebensbereichen. Für die Beteiligten haben sie den Vorteil, dass es am Ende nicht Sieger und Besiegte eines Konfliktes gibt, sondern Partner, die miteinander ein Spiel gespielt haben. Ein Spiel zu verlieren fällt leichter, als in einem Konflikt zu unterliegen. Auf den ersten Blick mögen solche Überlegungen befremdlich oder gar frevelhaft scheinen, weil ihnen die Ernsthaftigkeit der gerichtlichen Auseinandersetzung fehlt. Aber es gibt keine Gewähr dafür, sich mit den vermeintlich besseren Argumenten bei Gericht auch durchzusetzen; denn genau das beabsichtigt auch die Gegenseite, und beide können nicht wissen, wessen Argumente beim Gericht schwerer wiegen.

Übertragung des Sorgerechts auf einen Elternteil

Dieser Vorbehalt gilt auch, wenn ein Elternteil die Auseinandersetzungen beenden und das Sorgerecht für sich allein beantragen will.

Leben Eltern, denen die elterliche Sorge gemeinsam zusteht, nicht nur vorübergehend getrennt, so kann jeder Elternteil beantragen, dass ihm das Familiengericht die elterliche Sorge oder einen Teil der elterlichen Sorge allein überträgt.
Dem Antrag ist stattzugeben, soweit 1. der andere Elternteil zustimmt, es sei denn, dass das Kind das 14. Lebensjahr vollendet hat und der Übertragung widerspricht, oder 2. zu erwarten ist, dass die Aufhebung der gemeinsamen Sorge und die Übertragung auf den Antragsteller dem Wohl des Kindes am besten entspricht.
[§ 1671 BGB]

Ein klassisches Argument, mit dem Mütter oder Väter die Alleinsorge für sich beantragen, ist der Vorwurf, eine Verständigung sei nicht mehr möglich, es gebe nur noch Streit. Das ist kein hinreichender Grund, um einen Elternteil von der gemeinsamen Verantwortung auszuschließen. Es ist und bleibt die Pflicht der Eltern, im Interesse des Kindes auch nach Streit und Trennung noch ein Mindestmaß an gutem Willen und Gesprächsbereitschaft aufzubringen. Das Kind hat **Anspruch auf die Verantwortung beider Eltern**. Es mag schon sein, dass ein betreuender Elternteil sich durch die Einmischungen des anderen bedrängt und belästigt fühlt; das lässt sich aber erheblich reduzieren, wenn beide sich an die recht praktische Regelung des § 1687 BGB halten.

Das Kind hat Anspruch auf die Verantwortung beider Eltern.

Leben Eltern, denen die elterliche Sorge gemeinsam zusteht, nicht nur vorübergehend getrennt, so ist bei Entscheidungen in Angelegenheiten, deren Regelung für das Kind von erheblicher Bedeutung ist, ihr gegenseitiges Einvernehmen erforderlich. Der Elternteil, bei dem sich das Kind mit Einwilligung des anderen Elternteils oder auf Grund einer gerichtlichen Entscheidung gewöhnlich aufhält, hat die Befugnis zur alleinigen Entscheidung in Angelegenheiten des täglichen Lebens.
Entscheidungen in Angelegenheiten des täglichen Lebens sind in der Regel solche, die häufig vorkommen und die keine schwer abzuändernden Auswirkungen auf die Entwicklung des Kindes haben. [§ 1687 Abs. 1 BGB]

Das Recht des nicht betreuenden Elternteils auf Mitsprache in grundsätzlichen Angelegenheiten kann für den betreuenden Elternteil unbequem und auch lästig sein. Dies allein rechtfertigt es aber nicht, den anderen Elternteil von jeglicher Mitsprache auch in wichtigen Entscheidungen auszuschließen, denn das wäre ja eine schwere **Demütigung**.

Wenn die Entscheidung auf die schlichte Alternative »Sorgerecht ja oder nein« reduziert wird, dann kann im Interesse des Kindes die **Belästigung** des einen Elternteils eher in Kauf genommen werden als die Demütigung des anderen. Auch eine große räumliche Entfernung ist in Zeiten der schnellen Verkehrsmittel und der vielfältigen Kommunikationsmittel heutzutage kein Hinderungsgrund mehr. Das gilt erst recht, wenn der Antrag von dem Elternteil kommt, der die Entfernung hergestellt hat. Der mit der gemeinsamen Verantwortung verbundene Mehraufwand an Zeit und Mühe ist der Preis für die eigenmächtig geschaffene Distanz.

Fragen Sie sich selbstkritisch: Ist das Wohl des Kindes bei mir tatsächlich besser gewährleistet?

Wer meint, das Wohl des Kindes sei bei ihm besser gewährleistet als beim anderen Elternteil, tut gut daran, sich (selbst)kritisch zu fragen, wieweit wohl der Wunsch der Vater des Gedankens ist.

Neben dieser Instrumentalisierung des Kindes als Mittel der Selbstbestätigung gibt es eine weitere Form der Instrumentalisierung. Sie besteht darin, das Kind in der Auseinandersetzung mit dem anderen Partner gleichsam als **Geisel** zu nehmen. Wer verlassen und zutiefst gekränkt worden ist, kann den Wunsch haben, den anderen Partner ebenfalls zu verletzen und ihn zu bestrafen. Da liegt die Versuchung nahe, ihm das gemeinsame Kind vorzuenthalten mit der Begründung, die Kontakte seien dem Wohle des Kindes abträglich.

Das Umgangsrecht

Sowohl bei fortbestehender gemeinsamer Sorge der Eltern als auch nach Übertragung des Sorgerechts auf einen Elternteil allein hat das Kind ein Recht darauf, dass ihm seine bisherigen **sozialen Kontakte erhalten** bleiben.

Zum Wohl des Kindes gehört in der Regel der Umgang mit beiden Elternteilen. Gleiches gilt für den Umgang mit anderen Personen, zu denen das Kind Bindungen besitzt, wenn ihre Aufrechterhaltung für seine Entwicklung förderlich ist. [§ 1626 BGB]

Das Kind hat das Recht auf Umgang mit jedem Elternteil; jeder Elternteil ist zum Umgang mit dem Kind verpflichtet und berechtigt. Die Eltern haben alles zu unterlassen, was das Verhältnis des Kindes zum jeweils anderen Elternteil beeinträchtigt oder die Erziehung erschwert. Das Familiengericht kann über den Umfang des Umgangsrechts entscheiden und seine Ausübung näher regeln. [§ 1684 BGB]

Großeltern und Geschwister haben ein Recht auf Umgang mit dem Kind, wenn dieser dem Wohl des Kindes dient. Gleiches gilt für enge Bezugspersonen des Kindes, wenn diese für das Kind tatsächliche Verantwortung tragen oder getragen haben (sozial-familiäre Beziehung). [§ 1685 BGB]

Ein Elternteil, der nicht mit dem Kind zusammenlebt, behält das Recht zum persönlichen Kontakt mit ihm, im Gesetz als »Umgang« bezeichnet. Das ist nicht nur ein Elternrecht. Auch das Kind hat das Recht auf Kontakt mit seinen Eltern. Das gilt auch – und erst recht – dann, wenn ein Elternteil von jeglicher elterlicher Sorge und Mitwirkung ausgeschlossen ist. Die Regelung des Umgangs trifft das Kind meist unmittelbarer als die oft eher formale Sorgerechtsregelung. Der »**Umgang**« besteht nicht nur aus gegenseitigen Besuchen, gemeinsamen Ferien und anderem persönlichem Zusammensein, sondern umfasst auch den Brief- und Telefonkontakt sowie die neueren Kommunikationsformen per SMS und Internet.

Das Recht des Kindes auf Erhaltung seiner sozialen Kontakte ist nicht auf die Beziehung zu seinen Eltern beschränkt. Vielmehr umfasst es auch andere wichtige Kontakte, etwa die zu den Großeltern sowie zu weiteren Personen seines nahen sozialen Umfeldes.

Das Kind hat Anspruch auf Kontakte mit für ihn wichtigen Personen.

Gerichtliche Entscheidungen

Wenn es den Eltern absolut nicht gelingen will, sich zu verständigen, oder wenn es einfach am guten Willen fehlt, können sie zum Sorgerecht, zum Umgangsrecht oder auch zu anderen Einzelfragen eine Entscheidung des Familiengerichts beantragen. Sie werden allerdings nicht mehr bekommen, als sie beantragen – nämlich eine Entscheidung, von der sie kaum je eine Lösung der ihrem Rechtsstreit zugrunde liegenden Probleme erwarten können. Das soll das Gericht ihnen auch deutlich machen. Es soll sich um eine Verständigung bemühen und die Eltern gegebenenfalls auch auf Beratung und Mediation hinweisen.

Das Gericht soll in Kindschaftssachen in jeder Lage des Verfahrens auf ein Einvernehmen der Beteiligten hinwirken. Es weist auf die Möglichkeit der Beratung durch Beratungsstellen hin. Es kann anordnen, dass die Eltern an einer Beratung teilnehmen. Das Gericht soll in geeigneten Fällen auf die Möglichkeit der Mediation hinweisen.
[§ 156 FamFG]

Wenn das Gericht eine Entscheidung zu treffen hat, dann ist das **Wohl des Kindes** der wichtigste Gesichtspunkt.

Soweit nicht anderes bestimmt ist, trifft das Gericht diejenige Entscheidung, die unter Berücksichtigung der berechtigten Interessen der Beteiligten dem Wohl des Kindes am besten entspricht.
[§ 1697 a BGB]

Das **Verfahren** muss so gestaltet sein, dass es die Chance bietet, die Interessen und Bedürfnisse des Kindes zu erkennen und ihnen gerecht zu werden. Dazu gehört vor allem das Gespräch der Richterin oder des Richters mit den Eltern und dem Kind.

Es sollte vermieden werden, dass das Kind durch das Verfahren mehr als absolut unvermeidbar **belastet** und weiteren Konflikten ausgesetzt wird. Das Verfahren muss so **zügig** durchgeführt werden wie nur möglich.

In Verfahren, die die Person des Kindes betreffen, soll das Gericht die Eltern persönlich anhören. Von der Anhörung darf nur aus schwerwiegenden Gründen abgesehen werden. [§ 160 FamFG]
Das Gericht hat das Kind persönlich anzuhören, wenn es das 14. Lebensjahr vollendet hat. Hat das Kind das 14. Lebensjahr noch nicht vollendet, ist es persönlich anzuhören, wenn die Neigungen, Bindungen oder der Wille des Kindes für die Entscheidung von Bedeutung sind oder wenn eine persönliche Anhörung aus sonstigen Gründen angezeigt ist. Von einer persönlichen Anhörung darf das Gericht aus schwerwiegenden Gründen absehen.
[§ 159 FamFG]

Kindschaftssachen, die den Aufenthalt des Kindes, das Umgangsrecht oder die Herausgabe des Kindes betreffen, sowie Verfahren wegen Gefährdung des Kindeswohls sind vorrangig und beschleunigt durchzuführen. Das Gericht erörtert die Sache mit den Beteiligten in einem Termin. Der Termin soll spätestens einen Monat nach Beginn des Verfahrens stattfinden. Das Gericht hört in diesem Termin das Jugendamt an. Das Gericht soll das persönliche Erscheinen der Beteiligten zu dem Termin anordnen.
[§ 155 FamFG]

Diese Maxime wird oft zu einem Zielkonflikt führen, weil der Beschleunigung nicht die Gründlichkeit zum Opfer fallen soll. Auch kann es kontraproduktiv sein, Eltern unter großen **Zeitdruck** zu setzen, wenn gleichzeitig von ihnen erwartet wird, dass sie ihre Einstellung und ihr Verhalten ändern. Gleichwohl ist immer zu bedenken, dass Kinder – und erst recht in einer solchen Krisensituation – einen anderen Zeitbegriff haben als vorausschauend planende Erwachsene. Die Zeit der Ungewissheit sollte für sie nicht länger andauern, als auch bei gutem Willen unvermeidbar ist.

Das Jugendamt

Das Gericht hat in Verfahren, die die Person des Kindes betreffen, das Jugendamt anzuhören.
[§ 162 FamFG]
Das Jugendamt unterstützt das Familiengericht bei allen Maßnahmen, die die Sorge für die Person von Kindern und Jugendlichen betreffen. Das Jugendamt unterrichtet insbesondere über angebotene und erbrachte Leistungen, bringt erzieherische und soziale Gesichtspunkte zur Entwicklung des Kindes oder des Jugendlichen ein und weist auf weitere Möglichkeiten der Hilfe hin. [§ 50 SGB VIII]

Vor jeder gerichtlichen Regelung, bei der die Interessen eines Kindes von Belang sind, muss das Familiengericht das Jugendamt einschalten. Dieses soll die Eltern beraten, im Konflikt zwischen ihnen vermitteln und sich gemeinsam mit ihnen um eine einvernehmliche Regelung bemühen. Falls diese Bemühungen nicht zum Erfolg führen, hat das Jugendamt durch seine Stellungnahme das Gericht bei dessen Meinungsbildung zu unterstützen.

Im Falle der Trennung oder Scheidung sind Eltern vom Jugendamt unter angemessener Beteiligung des Kindes bei der Entwicklung eines einvernehmlichen Konzepts für die Wahrnehmung der elterlichen Sorge zu unterstützen; dieses Konzept kann auch als Grundlage für die richterliche Entscheidung über die elterliche Sorge nach der Trennung oder Scheidung dienen.
[§ 17 SGB VIII]

Der Anwalt des Kindes

Wenn Vater und Mutter das Recht haben, in ihrem Streit vor Gericht anwaltliche Hilfe in Anspruch zu nehmen und sich vertreten zu lassen – warum nicht auch das Kind?

Das Gericht hat dem minderjährigen Kind in Kindschaftssachen, die seine Person betreffen, einen geeigneten Verfahrensbeistand zu bestellen, soweit dies zur Wahrnehmung seiner Interessen erforderlich ist. [§ 158 FamFG]

Zwar sind die Eltern die in erster Linie berufenen Vertreter der Interessen des Kindes; aber in ihrer Auseinandersetzung um das Kind entsteht ein Wirrwarr der Interessen und Gefühle, in dem die Sichtweise des Kindes einerseits an Bedeutung gewinnt, andererseits aber vielleicht nicht genügend artikuliert werden kann. Auch das Jugendamt und kinderpsychologische Sachverständige sind den Interessen des Kindes verpflichtet; hierbei werden aber die vom Kind geäußerten Ansichten jeweils bereits gewertet und gewichtet, im Bemühen um eine nach objektivierbaren Kriterien optimale Entscheidung. Jugendamt und Sachverständige können und sollen dem Kind durchaus vermitteln, dass sie sein Bestes wollen; sie können ihm aber nicht versprechen, ganz parteiisch nur seine Wünsche zu vertreten. Ebendies kann der »Anwalt des Kindes«, ein Verfahrensbeistand, den das Gericht bei ausgeprägten Interessenkonflikten dem Kind beiordnen soll.

Ein Verfahrensbeistand kann ganz parteiisch nur die Interessen des Kindes vertreten.

Die Eltern können die Bestellung eines Verfahrensbeistands nicht verhindern. Faktisch können sie jedoch die Kontakte erschweren oder behindern. Ihrem Kind werden sie aber wohl eher gerecht, wenn sie sich vergegenwärtigen, dass der »Anwalt des Kindes« ihnen nicht aus Schikane vor die Nase gesetzt wird, sondern allein deshalb, weil sie nicht in der Lage waren, sich in ihrer eigenen Verantwortung über die Belange des Kindes zu verständigen.

Die Rollen der Eltern

Bei Sorge- und Umgangsrecht geht es im Grunde **nicht um Rechtspositionen**, sondern darum, wie die Verantwortung der Eltern und ihr Zusammensein mit dem Kind organisiert werden sollen. Wenn das geklärt ist, lässt sich leicht die geeignete juristische Form finden.

In der **Neuorientierung des Beziehungsgefüges** bleibt es beiden Eltern nicht erspart, ihre Rollen neu zu definieren. Sich in die Rolle der oder des Alleinerziehenden hineinzufinden ist leichter, als sich in die des abwesenden Elternteils zu schicken. Hier kann es hilfreich sein, sich zu vergegenwärtigen, dass die Rollen der Mutter und des Vaters in ihrer konkreten Ausgestaltung keineswegs eindeutig definiert sind, sondern individuell sehr verschieden wahrgenommen werden. Ein viel beschäftigter Vater, der häufig unterwegs ist, wenig Zeit hat und die Mutter immer vertrauensvoll gewähren ließ, wird sich mit der künftig alleinerziehenden Mutter leichter über seinen und ihren Anteil am Leben des Kindes verständigen können als jemand, der das Männerbild der »neuen Väter« lebt und damit zur Mutter in Konkurrenz tritt.

Bei der Neuorientierung der eigenen Beziehung zum Kind kann auch auf **andere Rollen** zurückgegriffen werden, deren Leitbilder im gesellschaftlichen Bewusstsein vorhanden sind und von wichtigen Bezugspersonen ausgefüllt werden können. Der Vater etwa, der sich ohnehin mehr seinem Beruf als dem Kinde gewidmet hatte, tut sich möglicherweise leichter, wenn er nicht mit aller Kraft aus der Ferne ein allgegenwärtiger Vater sein will, sondern seine Rolle an der des jederzeit hilfsbereiten väterlichen Freundes orientiert. Die junge Mutter, die ihr unterbrochenes Studium fortsetzt und das Kind schweren Herzens dem Mann und den Schwiegereltern überlässt, ist vielleicht eher große Schwester als Mutter – ohne das mit einer (falschen) Orientierung auf partnerschaftliche Gleichberechtigung zu verwechseln. Wenn sie das akzeptiert, dann kann sie ihr Verhalten an der Rolle orientieren, die auszufüllen sie in der Lage ist. Das bringt ihr, der Familie und dem Kind mehr Harmonie und Frieden als der immer wieder vergebliche Versuch, einer Rolle nachzuleben, der sie nicht gerecht werden kann.

Streit um das Kind entsteht zwischen den Eltern vor allem aus **Ängsten**. Der Vater fürchtet, er werde das Kind nicht mehr sehen, wenn die Mutter es erst einmal hat; sie ihrerseits fürchtet, er werde es ihr abspenstig machen, wenn sie den Kontakt nicht unterbindet. Er fürchtet, alle Mitspracherechte zu verlieren, wenn sie die alleinige elterliche Sorge bekommt; die Mutter hingegen kann die Vorstellung nicht ertragen, dass er auf dem Umweg über das Kind versuchen wird, sie weiterhin auszuspionieren und zu dominieren. Wenn solche Besorgnisse nicht ärgerlich ignoriert, sondern von beiden ernst genommen werden, ist schon viel gewonnen. Dann können beide Eltern nach Möglichkeiten suchen, auf die Bedürfnisse des jeweils anderen einzugehen, ohne die eigenen preiszugeben.

Gelingt es der Mutter, dem Vater glaubhaft zu vermitteln, dass sie ihn auch künftig in wichtige Entscheidungen einbeziehen und über wichtige Ereignisse und Veranstaltungen informieren wird, dann hat er vielleicht nichts dagegen, dass sie sich im Übrigen um die Angelegenheiten des täglichen Lebens in eigener Verantwortung kümmert. Wenn sie das erst einmal weiß und sich nicht mehr durch dauernde Einmischung bedroht fühlt, dann wird die Mutter einen lebendigen Kontakt zwischen Vater und Kind gelassen akzeptieren können.

Es geht darum, im Kontext von Verantwortung und Kontakt das richtige Maß und die **richtige Form der Intensität und Nähe** zu finden, die den eigenen Bedürfnissen und denen des Kindes gerecht wird und den jeweils anderen Elternteil nicht irritiert. Beide Elternteile müssen für sich solche Rollen suchen oder gestalten, die mit denen des jeweils anderen Elternteils vereinbar sind.

Es geht darum, das richtige Maß und die richtige Form der Intensität und Nähe zum Kind zu finden.

Unterhalt

Unterhaltsansprüche sind die **rechtliche Ausprägung der Verantwortung** füreinander, die in einer Paarbeziehung bestehen kann und jedenfalls für Eltern gegenüber ihren Kindern besteht.

Unterhalt für Kinder

Die Eltern sind gemeinsam dafür verantwortlich, den **Lebensbedarf** ihrer Kinder zu decken. Es benötigt einerseits persönliche Betreuung, andererseits die finanziellen Mittel zur Deckung seines materiellen Bedarfs, von der Unterkunft über Nahrung und Kleidung bis hin zu Spielzeug und Ausbildung. Wenn das Elternpaar sich trennt, hat in der Regel der Elternteil, der das Kind nicht betreut, für seinen materiellen Bedarf aufzukommen.

Es hat sich als praktisch erwiesen, die Unterhaltsansprüche von Kindern mithilfe von **Tabellen** zu ermitteln, die von den Einkommensverhältnissen des Verpflichteten ausgehen. Diese Praxis beruht auf der Erwägung, dass mit den Einkünften auch der Lebensstandard steigt. So kann in einer vereinfachten Betrachtungsweise auf die konkrete Bezifferung des Bedarfs verzichtet

Tabellen dienen als Orientierung. Im Einzelfall kann der Unterhalt auch individuell ermittelt werden.

und dieser stattdessen am Einkommen des Verpflichteten orientiert werden.

Die bekannteste derartige Tabelle ist die »Düsseldorfer Tabelle«, die vom Oberlandesgericht Düsseldorf angewandt und veröffentlicht wird. Auch andere Oberlandesgerichte geben derartige Tabellen oder Leitlinien heraus. Die Tabellen sind keine Gesetze und binden kein Gericht. Ihre rechtliche Bedeutung beschränkt sich darauf, eine Orientierung darüber zu geben, wie das Gericht in vergleichbaren Fällen zu rechnen gedenkt. Im konkreten Einzelfall – beispielsweise bei besonderer Begabung oder gesundheitlicher Beeinträchtigung des Kindes einerseits, besonderen Belastungen des Unterhaltspflichtigen andererseits – kann der Unterhalt immer auch individuell ermittelt werden.

Verwandte in gerader Linie sind verpflichtet, einander Unterhalt zu gewähren. [§ 1601 BGB]
Der Elternteil, der ein minderjähriges Kind betreut, erfüllt seine Verpflichtung, zum Unterhalt des Kindes beizutragen, in der Regel durch die Pflege und Erziehung des Kindes. [§ 1606 BGB]
Ein minderjähriges Kind kann (mindestens) den Unterhalt als Prozentsatz des (steuerlichen Kinderfreibetrages) verlangen. [§ 1612 a BGB]
Das Maß des zu gewährenden Unterhalts bestimmt sich nach der Lebensstellung des Bedürftigen. [§ 1610 BGB]

Unterhalt für Ehepartner

Während der Ehe besteht eine **unterhaltsrechtliche Verantwortung der Eheleute füreinander**, und zwar auch dann, wenn sie getrennt leben.

Leben die Ehegatten getrennt, so kann ein Ehegatte von dem anderen den nach den Lebensverhältnissen und den Erwerbs- und Vermögensverhältnissen der Ehegatten angemessenen Unterhalt verlangen. Der nicht erwerbstätige Ehegatte kann nur dann darauf verwiesen werden, seinen Unterhalt durch eine Erwerbstätigkeit selbst zu verdienen, wenn dies von ihm nach seinen persönlichen Verhältnissen, insbesondere wegen einer früheren Erwerbstätigkeit unter Berücksichtigung der Dauer der Ehe, und nach den wirtschaftlichen Verhältnissen beider Ehegatten erwartet werden kann. [§ 1361 BGB]

Nach der Ehescheidung gilt das Prinzip der **Eigenverantwortung**. Jeder hat für sich selbst aufzukommen.

Dem geschiedenen Ehegatten obliegt es, eine angemessene Erwerbstätigkeit auszuüben. Angemessen ist eine Erwerbstätigkeit, die der Ausbildung, den Fähigkeiten, einer früheren Erwerbstätigkeit, dem Lebensalter und dem Gesundheitszustand des geschiedenen Ehegatten entspricht, soweit eine solche Tätigkeit nicht nach den ehelichen Lebensverhältnissen unbillig wäre. [§ 1574 BGB]

Für den Fall aber, dass ein Ehepartner aus Gründen, die in der Ehe angelegt sind, nicht für den eigenen Lebensbedarf aufkommen kann und auf Unterhalt angewiesen ist, sieht das Gesetz einen Fortbestand der ökonomischen Verantwortung vor.

Der aus der Perspektive der Kinder wichtigste derartige Fall ist die **Kindesbetreuung**.

Ein geschiedener Ehegatte kann von dem anderen wegen der Pflege oder Erziehung eines gemeinschaftlichen Kindes für mindestens drei Jahre nach der Geburt Unterhalt verlangen. Die Dauer des Unterhaltsanspruchs verlängert sich, solange und soweit dies der Billigkeit entspricht. Dabei sind die Belange des Kindes und die bestehenden Möglichkeiten der Kinderbetreuung zu berücksichtigen. [§ 1570 BGB]

Dies ist gleichsam eine Standardsituation: Der betreuende Elternteil (meistens die Mutter) kann wegen der Kindesbetreuung eine Berufstätigkeit gar nicht oder nur eingeschränkt ausüben. In Anbetracht der gemeinsamen Verantwortung der Eltern für die Kinder muss der andere Elternteil (meist der Vater) Unterhalt zahlen.

Am stärksten ist diese Einschränkung naturgemäß in den vom Gesetz ausdrücklich erwähnten ersten drei Lebensjahren des Kindes. Danach wird mit zunehmendem Alter des Kindes für den betreuenden Elternteil zunächst eine Teilzeit- und später auch eine Vollzeitarbeit zumutbar, wobei neben dem Alter des Kindes auch sonstige Faktoren eine Rolle spielen können wie einerseits beispielsweise die Entlastung durch eine Ganztagsschule, andererseits die Mehrbelastung durch Lernschwierigkeiten, Erziehungs- oder Entwicklungsprobleme des Kindes.

Hier kann eine solche Unzahl von Gesichtspunkten eine Rolle spielen, dass der Ausgang eines Rechtsstreits kaum je mit Sicherheit vorausgesagt werden kann.

Ein Versuch der Systematisierung der für die Entscheidung maßgeblichen Gesichtspunkte führt zu folgender **Checkliste**:

1. **Kindgerechte Betreuungsmöglichkeit**
   Gibt es einen erreichbaren Kindergarten oder Hort?
   Welches sind dessen Betreuungszeiten?
2. **Angemessenheit für das Kind**
   Ist dem Kind eine Fremdbetreuung überhaupt zuzumuten?
   Ist dem Kind die konkrete Betreuung zuzumuten?
   Gibt es gesundheitliche Beeinträchtigungen, Entwicklungsstörungen oder Verhaltensauffälligkeiten, die einen erhöhten Betreuungsaufwand erfordern?
3. **Finanzierung der Tagesbetreuung**
   Wie hoch sind die Kosten?
   Ist gesichert, dass der Vater für die Kosten der Ganztagesbetreuung aufkommt? (In den tabellarischen Unterhaltsbeträgen sind nicht die Betreuungskosten, sondern nur die in der Kindereinrichtung anfallenden Verpflegungskosten enthalten.)
4. **Angemessenheit für die Mutter**
   Entspricht es angesichts der Dauer der Ehe der Billigkeit, dass die Frau überhaupt wieder arbeiten soll?
   Durfte sie angesichts der in der Ehe praktizierten Rollenverteilung auf eine nacheheliche Solidarität ihres Ehemannes vertrauen?
   Was für eine berufliche Qualifikation hat sie?
   Hat sie – und ggf. wie lange – wegen der Kinderbetreuung auf Ausbildung oder Karriere verzichtet?
   Was für Tätigkeiten können ihr zugemutet werden?
   Kann ihr jede Tätigkeit zugemutet werden?
5. **Arbeitsstelle**
   Wo gibt es für die Frau eine zumutbare Arbeitsstelle?
   Welches sind die Arbeitszeiten?
   Können die Arbeitszeiten flexibel gestaltet werden?
6. **Vereinbarkeit von Arbeit und Betreuung**
   Wie weit ist der Weg zwischen Wohnung und Kindergarten/Hort?

Wie weit ist der Weg zwischen Arbeitsstelle und Kindergarten/Hort?
Wie weit ist der Weg zwischen Wohnung und Arbeitsstelle?
Kann die Mutter das Kind rechtzeitig abholen?
Kann der Vater das Kind rechtzeitig abholen?
Ist die Mutter in der Lage, die neben der Fremdbetreuung noch verbleibenden Aufgaben in der Zeit vor und nach ihrer täglichen Erwerbsarbeit wahrzunehmen, oder würde das zu einer »überobligationsmäßigen Belastung« führen?
Wie kann die Betreuung des Kindes im Falle seiner Erkrankung organisiert werden?
Was für Ausweichmöglichkeiten gibt es für den Fall, dass die Tagesmutter erkrankt oder die Erzieherinnen streiken?

7. **Übergang zur Berufstätigkeit**
   Kann der Frau sofort eine volle Berufstätigkeit zugemutet werden oder ist ein gestufter Übergang zur Vollzeiterwerbstätigkeit angemessen?
8. Dann ist zu klären, wie hoch der Bedarf der Frau ist, der durch den Unterhalt gedeckt werden soll:
   Wie hoch ist ihr Gesamtbedarf?
   Wie hoch sind Einkünfte, die sie durch eigene Berufstätigkeit erzielen kann?
9. Für den eventuellen Unterhaltsanspruch kommt es unter dem Gesichtspunkt der Leistungsfähigkeit schließlich noch darauf an, wie hoch die Einkünfte des Unterhaltspflichtigen sind und wie viel er – wiederum nach »Billigkeit« – davon abgeben soll.

Im Einzelfall wird diese Liste zu ergänzen oder zu modifizieren sein. Einiges aber ist schon absehbar: Die Gerichte müssen zu allen Einzelfragen die maßgeblichen Fakten klären und dann eine Bewertung vornehmen. Kaum je wird sich prognostizieren lassen, wie sie dann entscheiden werden. Zweifelhaft bleibt auch, wieweit sie ihrer Aufgabe einer differenzierten Bewertung überhaupt gerecht werden können. Was das Kind neben der äußerlichen ordnungsgemäßen Betreuung an Zuwendung braucht, lässt sich nicht durch Gerichtsentscheidungen regeln. Ebenso wenig werden die Gerichte beurteilen und regeln können, welche Anteile an der Betreuung der barunterhaltspflichtige Elternteil noch übernehmen könnte.

Was ein Kind an Zuwendung braucht, lässt sich nicht durch Gerichtsentscheidungen regeln.

Niemand wird die auftauchenden Fragen so kompetent beantworten können wie die beiden Eltern selbst. Das sollte bei aller Zerstrittenheit doch ein Grund für sie sein, selbst gemeinsam nach Antworten zu suchen und die Lösung nicht an die Gerichte zu delegieren.

Auf die anderen Fallkonstellationen, die einen Unterhaltsanspruch rechtfertigen können, soll hier nicht eingegangen werden, weil sie aus der Perspektive der Kinder nicht die gleiche Bedeutung haben wie deren Betreuung.

Neben der Frage, ob überhaupt Unterhalt geschuldet wird, geht es naturgemäß in den Auseinandersetzungen immer auch um dessen Höhe.

Das Maß des Unterhalts bestimmt sich nach den ehelichen Lebensverhältnissen. Der Unterhalt umfasst den gesamten Lebensbedarf. [§ 1578 BGB]

Die damit zusammenhängenden Fragen können hier nicht vertieft werden. Ein Aspekt aber ist im Hinblick auf die Kinder von Interesse: Die Kosten der Besuchskontakte sind sehr gut geeignet, in eine Gesamtbetrachtung einbezogen zu werden. Kontakte zum abwesenden Elternteil liegen in aller Regel im Interesse des Kindes. Da bietet es sich an, den Streit um den Ehegattenunterhalt dadurch zu entschärfen, dass ein bestimmter Posten für die mit den Kontakten verbundenen Reisekosten reserviert und von der für die Eltern verfügbaren Teilungsmasse abgezogen wird. Damit opfern beide Eltern einen Teil ihres ökonomischen Interesses und erbringen eine oft auch atmosphärisch wichtige gemeinsame Leistung für ihr gemeinsames Kind.

Unterhalt bei Ehen ohne Trauschein

Der Vater hat der Mutter für die Dauer von sechs Wochen vor und acht Wochen nach der Geburt des Kindes Unterhalt zu gewähren. Soweit die Mutter einer Erwerbstätigkeit nicht nachgeht, weil sie infolge der Schwangerschaft oder einer durch die Schwangerschaft oder die Entbindung verursachten Krankheit dazu außerstande ist, ist der Vater verpflichtet, ihr über die bezeichnete Zeit hinaus Unterhalt zu gewähren. Das Gleiche gilt, soweit von der Mutter wegen der Pflege oder Erziehung des Kindes eine Erwerbstätigkeit nicht verlangt werden kann.
Die Unterhaltspflicht besteht für mindestens drei Jahre nach der Geburt. Sie verlängert sich, solange und soweit dies der Billigkeit entspricht. Dabei sind insbesondere die Belange des Kindes und die bestehenden Möglichkeiten der Kinderbetreuung zu berücksichtigen.
Wenn der Vater das Kind betreut, steht ihm der Anspruch gegen die Mutter zu. [§ 1615l BGB]

Der Auftrag des Grundgesetzes, Kindern verheirateter und unverheirateter Eltern die gleichen Bedingungen für ihre leibliche und seelische Entwicklung zu schaffen, ist zunächst nur zögerlich vom Gesetzgeber umgesetzt worden. Im Laufe der letzten Jahrzehnte hat es aber doch beträchtliche Fortschritte auf diesem Gebiet gegeben. Zu ihnen gehört die Unterhaltspflicht des Vaters gegenüber der Mutter im Zusammenhang mit der Geburt eines gemeinschaftlichen Kindes und seiner Betreuung in den ersten Lebensjahren.

Falls der Vater die Betreuung übernimmt, kann der Anspruch auf Betreuungsunterhalt auch ihm gegen die Mutter zustehen. Grundlage der Bedarfsbemessung ist die Lebensstellung des betreuenden Elternteils. Sie ergibt sich aus den Einkünften, die der (oder die) Berechtigte ohne die Geburt des Kindes hätte. Der Unterhaltsanspruch besteht zunächst für drei Jahre und kann sich nach Billigkeitsgesichtspunkten verlängern.

Verantwortung statt Rechtspflicht

Unterhaltspflichten sind die rechtliche Ausprägung von Verantwortung. Dies zu bedenken kann bei der Orientierung im Konflikt helfen. Wer jemanden auf Unterhalt in Anspruch nehmen will, kann statt der Frage an die Juristen »Was steht mir zu?« auch die Frage an sich selbst stellen »Was brauche ich, wie viel Verantwortung soll jemand anderes für mich übernehmen, wie viel Verantwortung für mich übernehme ich selbst?«.

Was braucht mein Kind? Wie werde ich meiner Verantwortung gerecht?

Wer auf Unterhalt in Anspruch genommen wird, kann statt der Frage an die Juristen »Was muss ich zahlen?« auch die Frage an sich selbst stellen »Was braucht meine Partnerin oder mein Kind, wie werde ich meiner Verantwortung gerecht?«.

Ökonomische und moralische Betrachtungsweise

Grundlage des Unterhaltsrechts ist eine **ökonomische Betrachtungsweise**: Im Rahmen einer durch Ehe oder Elternschaft begründeten Verantwortung hat eine Person für den Bedarf einer anderen aufzukommen. Maßgebliche Kriterien sind allein der Bedarf der berechtigten und die Leistungsfähigkeit der verpflichteten Seite. Diese Betrachtungsweise wird aber mit **moralisierenden Argumenten** durchsetzt: Durch bestimmte Verhaltensweisen soll die bedürftige und im Grundsatz unterhaltsberechtigte Person ihren **Anspruch verwirken** können.

Ein Unterhaltsanspruch ist zu versagen, herabzusetzen oder zeitlich zu begrenzen, soweit die Inanspruchnahme des Verpflichteten auch unter Wahrung der Belange eines dem Berechtigten zur Pflege oder Erziehung anvertrauten gemeinschaftlichen Kindes grob unbillig wäre, weil

1. die Ehe von kurzer Dauer war,
2. der Berechtigte in einer verfestigten Lebensgemeinschaft lebt,
3. der Berechtigte sich eines Verbrechens oder eines schweren Vergehens gegen den Verpflichteten schuldig gemacht hat,
4. der Berechtigte seine Bedürftigkeit mutwillig herbeigeführt hat,
5. der Berechtigte sich über schwerwiegende Vermögensinteressen des Verpflichteten mutwillig hinweggesetzt hat,
6. der Berechtigte vor der Trennung längere Zeit hindurch seine Pflicht, zum Familienunterhalt beizutragen, gröblich verletzt hat,
7. dem Berechtigten ein offensichtlich schwerwiegendes, eindeutig bei ihm liegendes Fehlverhalten gegen den Verpflichteten zur Last fällt oder
8. ein anderer Grund vorliegt, der ebenso schwer wiegt wie die in den Nummern 1 bis 7 aufgeführten Gründe.

[§ 1579 BGB]

Hier bieten Gesetz und Rechtsprechung ein **Einfallstor für die schmutzigsten Kriege**. Ein pflichtbewusster Anwalt wird nicht umhinkommen, seinen von der Unterhaltslast bedrohten Mandanten zu fragen, ob er seiner Ehefrau nicht irgendwelche Verfehlungen vorwerfen könne. Deren Anwältin wird mit Gegenvorwürfen erwidern, das kann sich beliebig steigern, bis von der Erinnerung an die Ehe nur noch Vorwürfe und Trümmer übrig bleiben. Das ist genau das Gegenteil von dem, was Eltern ihren Kindern schulden. Beide sollten es sich in ihrer Auseinandersetzung gründlich überlegen, ob sie es ihren Kindern antun wollen, einander schlechtzumachen.

Streit um Geld, Wetteifern um Großzügigkeit

Um das Geld wird oft geradezu reflexartig gestritten. Natürlich kann es der Mangel sein, der geizig macht oder jemanden dazu bringt, sich auf die Rechtslage zu berufen. Oft aber sind es auch der Geiz und die Rechthaberei, die den Mangel erst schaffen.

Um Geld wird oft geradezu reflexartig gestritten – obwohl Lebensqualität doch in ganz anderen Dingen liegt.

Wem es gelungen ist, sich gegen ein Unterhaltsbegehren zur Wehr zu setzen, der hat Geld gespart. Rechtlich irrelevant, lebenspraktisch aber keineswegs ohne Bedeutung ist die Frage, was mit der Ersparnis gewonnen ist. In irgendeiner Weise wird das Geld in Lebensqualität investiert. Wichtige Elemente der Lebensqualität sind unser Selbstbild und unsere Vorstellung von dem Bild, das andere von uns haben. Viele Ausgaben finden hierin ihre zwanglose Erklärung.

Die Wertschätzung unserer Mitmenschen können wir aber auch dadurch erwerben, dass wir unsere Verantwortung nicht engherzig, sondern großzügig wahrnehmen. Der Vater, der an seiner studierenden Tochter monatlich 100 € spart, kommt bei einer Studiendauer von fünf Jahren auf gerade mal 6.000 €. Der Preis dieser Ersparnis ist das Bild des Geizkragens, das seine Tochter von ihm haben wird. Für 6.000 € könnte er sich das Image des großzügigen Papas kaufen, reine Lebensqualität. In solch einer Situation sagte einmal ein Richter zu einem Vater: »Es scheint,

Warum wollen Sie eigentlich einen Prozess gegen Ihre eigene Tochter gewinnen?

dass Sie diesen Prozess gewinnen werden. Warum wollen Sie eigentlich einen Prozess gegen Ihre eigene Tochter gewinnen?« Plötzlich wollte der Vater das gar nicht mehr. Er verabredete sich mit seiner Tochter zum Abendessen.

Auch in Partnerkonflikten ist gelegentlich zu beobachten, dass nicht um Geld, sondern **um Großzügigkeit gewetteifert** wird. Mit seinem Angebot, großzügig aufzurunden, erntet der Mann nicht etwa Dank und Anerkennung, sondern Widerspruch: »Da haben wir es wieder, du willst dir nur ein reines Gewissen und ein Image der Großzügigkeit kaufen!« Und so gibt es denn auch die Frau, die sich aus Gründen der Selbstachtung nicht mehr von dem Mann alimentieren lassen will, aus dessen Dominanz sie sich gerade befreit hat.

In Konflikten steht es uns immer frei, unsere eigenen Prioritäten zu wählen. Das können andere sein als die der Gegenseite. Geht es jener ums Geld und uns um die Großzügigkeit, so haben wir statt eines »Nullsummenspiels«, bei dem der Vorteil der einen mit einem Nachteil der anderen Seite korrespondiert, eine **»Win-win-Situation«**, von der beide profitieren.

Wohnung, Hausrat und Vermögen

Die gemeinsame Wohnung

Sollte das Paar sich bis zur Ehescheidung noch nicht darüber verständigt haben, wem die bisher gemeinschaftliche Wohnung verbleiben wird, kann im Streitfall das Familiengericht angerufen werden, das bei seiner Entscheidung die Bedürfnisse der Kinder zu berücksichtigen hat.

Ein Ehegatte kann verlangen, dass ihm der andere Ehegatte anlässlich der Scheidung die Ehewohnung überlässt, wenn er auf deren Nutzung unter Berücksichtigung des Wohls der im Haushalt lebenden Kinder und der Lebensverhältnisse der Ehegatten in stärkerem Maße angewiesen ist als der andere Ehegatte oder die Überlassung aus anderen Gründen der Billigkeit entspricht. [§ 1568 a BGB]

Die Gegenstände des gemeinsamen Haushalts

Spätestens anlässlich der Scheidung – wahrscheinlich aber schon früher – wird sich auch die Frage stellen, was aus den vielerlei Gegenständen des gemeinsamen Haushalts wird.

Wenn die Eheleute meinen, sich nicht einigen zu können, sollten sie es sich gut überlegen, ob ihnen mit einer fremdbestimmten Entscheidung tatsächlich mehr gedient ist. Bei der Suche nach rationalen Kriterien und bei deren Abwägung werden die Gerichte oft an ihre Grenzen stoßen, dann bekommen ihre Entscheidungen etwas Zufälliges. So kann das streitende Paar auch gleich selbst auf das Zufallsprinzip ausweichen. Mit etwas Fantasie und gutem Willen lassen sich Verfahren erdenken, die einen hohen Grad von Chancengleichheit gewährleisten, beispielsweise:

Oft bekommen gerichtliche Entscheidungen etwas Zufälliges.

- Immer abwechselnd dürfen beide einen Gegenstand auswählen.
- Einer ordnet einzelne Gegenstände oder Gruppen von Gegenständen zu Paaren, die er für gleichwertig hält, der andere darf wählen.
- Auch Münzwurf, Los und Würfel sind bewährte Mittel zur Herstellung von Chancengleichheit.

Leben die Ehegatten getrennt, so kann jeder von ihnen die ihm gehörenden Haushaltsgegenstände von dem anderen Ehegatten herausverlangen. Er ist jedoch verpflichtet, sie dem anderen Ehegatten zum Gebrauch zu überlassen, soweit dieser sie zur Führung eines abgesonderten Haushalts benötigt und die Überlassung nach den Umständen des Falles der Billigkeit entspricht. Haushaltsgegenstände, die den Ehegatten gemeinsam gehören, werden zwischen ihnen nach den Grundsätzen der Billigkeit verteilt. Können sich die Ehegatten nicht einigen, so entscheidet das zuständige Gericht. Dieses kann eine angemessene Vergütung für die Benutzung der Haushaltsgegenstände festsetzen.
[§ 1361a BGB]

Wenn jeder einige Gegenstände erhält, an denen ihm nichts gelegen ist, und andere, die er gern hätte, nicht bekommt, dann bleibt beiden immer noch die Möglichkeit zu tauschen. Sind die Kinder schon einigermaßen verständig und nicht durch die Situation zu sehr belastet, kann es auch eine große Hilfe sein und zur allseitigen Akzeptanz des Ergebnisses beitragen, wenn sie in das Verfahren und die Entscheidung einbezogen werden.

Diese Überlegungen gelten übrigens nicht nur für Ehepaare, sondern gleichermaßen auch für nicht verheiratete Paare.

Die Aufteilung des Vermögens

Der Zugewinnausgleich

Übersteigt der Zugewinn des einen Ehegatten den Zugewinn des anderen, so steht die Hälfte des Überschusses dem anderen Ehegatten als Ausgleichsforderung zu. [§ 1378 BGB]

Wenn die Eheleute nicht ausdrücklich durch notariellen Ehevertrag etwas anderes vereinbart haben, gilt für sie der **»Güterstand der Zugewinngemeinschaft«**. Er ist die rechtliche Konsequenz aus der Gleichwertigkeit von Berufstätigkeit und Haushaltsführung und sieht vor, dass die in der Ehezeit erwirtschafteten und ersparten Werte geteilt werden. Hierfür wird auf beiden Seiten der »Zugewinn« ermittelt, das ist der Vermögenszuwachs (der auch in der Tilgung von Schulden bestehen kann) vom Zeitpunkt der Eheschließung bis zur Zustellung des Scheidungsantrags.

Da sich aber während des Scheidungsverfahrens oft dramatische Vermögensveränderungen ergeben und weil es sinnvoll ist, anlässlich der Ehescheidung auch die vermögensrechtlichen Folgen der Ehe zu regeln, ist das für die Ermittlung der Endvermögen maßgebliche Datum vom Gesetz auf den Zeitpunkt vorverlegt worden, zu welchem der Scheidungsantrag der Gegenseite zugestellt wird.

Oft setzt erst einige Zeit nach der Trennung ein Wettlauf der Ausgaben ein, wenn beide sich ohnehin unbeobachtet wissen, die eingeübte gegenseitige Rücksichtnahme nachlässt und der Rat von Fachleuten oder Schicksalsgenossen zur Durchsetzung der eigenen Interessen ermuntert. Die Eheleute können diese Gefahr unter Kontrolle halten, indem sie sich beizeiten auf einen früheren **Stichtag** verständigen, gemeinsam eine Aufstellung der beiderseitigen Endvermögen machen und vereinbaren, dass spätere Vermögensveränderungen unberücksichtigt bleiben sollen. Wirksam ist eine solche Vereinbarung aber nur, wenn sie notariell abgeschlossen wird. Anderenfalls bleibt sie eine reine Absichtserklärung, die im Streitfalle nicht gerichtlich durchgesetzt werden könnte.

Am sichersten lassen sich spätere Konflikte vermeiden, wenn die Eheleute bei dieser Gelegenheit einen **notariellen Ehevertrag** abschließen, in dem der zu zahlende Zugewinnausgleich festgelegt und für die Folgezeit bis zur Ehescheidung Gütertrennung vereinbart wird. Dann sind spätere Vermögensveränderungen nicht mehr auszugleichen.

Spätere gerichtliche Auseinandersetzungen lassen sich vermeiden, wenn rechtzeitig ein notarieller Ehevertrag abgeschlossen wurde.

Vermögensauseinandersetzung bei nicht verheirateten Paaren

Für Paare, die sich nicht durch die Ehe gebunden haben, gibt es keinen Rechtsgrundsatz und keine gesetzliche Vorschrift des Inhalts, dass die Ersparnisse oder Altersversorgungen aus der Zeit des Zusammenlebens zu teilen seien.

Scheidung der Ehe und streitige Folgesachen

Voraussetzungen für die Scheidung der Ehe

Eine Ehe kann nur durch richterliche Entscheidung auf Antrag eines oder beider Ehegatten geschieden werden. [§ 1564 BGB]

Eine gerichtliche Scheidung der Ehe kann nur erfolgen, wenn die gesetzlichen Voraussetzungen hierfür vorliegen. Das Gesetz spricht vom »**Scheitern**« der Ehe.

Eine Ehe kann geschieden werden, wenn sie gescheitert ist. [§ 1565 BGB]

Diesen negativ wertenden Begriff braucht sich das Paar nicht zu eigen zu machen. Stattdessen kann es sie dankbar als einen wichtigen und jetzt abgeschlossenen Lebensabschnitt würdigen, aus dem gemeinsame Kinder hervorgegangen sind, denen weiterhin beide Eltern erhalten bleiben müssen. Für die Scheidung reicht nämlich die ganz wertfreie Feststellung, dass die Eheleute sich auf Dauer getrennt haben und nicht zu erwarten ist, dass sie wieder zueinander finden werden.

Die Ehe ist gescheitert, wenn die Lebensgemeinschaft der Ehegatten nicht mehr besteht und nicht erwartet werden kann, dass die Ehegatten sie wiederherstellen. [§ 1565 BGB]

Der klassische Fall der Trennung ist der Auszug eines von beiden Ehepartnern aus der ehemals gemeinschaftlichen Wohnung.

Die Ehegatten leben getrennt, wenn zwischen ihnen keine häusliche Gemeinschaft mehr besteht und ein Ehegatte sie erkennbar nicht herstellen will, weil er die eheliche Lebensgemeinschaft ablehnt. [§ 1567 BGB]

Wenn die finanziellen Mittel des Ehepaares nicht für zwei Wohnungsmieten reichen, kann die Trennung auch in der gemeinsamen Wohnung herbeigeführt werden.

Die häusliche Gemeinschaft besteht auch dann nicht mehr, wenn die Ehegatten innerhalb der ehelichen Wohnung getrennt leben. [§ 1567 BGB]

Das kann in der Weise geschehen, dass die Eheleute in getrennten Zimmern schlafen, die Urlaube getrennt verbringen und ihre sonstigen Gemeinsamkeiten erkennbar reduzieren. Dabei werden sie darauf zu achten haben, dass dies nicht unzumutbare Situationen für die Kinder mit sich bringt: Die Waschmaschine zweimal laufen zu lassen, nur damit die Wäsche der Eheleute nicht gemeinsam gewaschen wird, ist absurd; und ein schlechtes Beispiel gibt seinen Kindern, wer den gerade in der Wohnung anwesenden anderen Ehegatten nicht mit an den Tisch bittet, wenn gerade gegessen wird. Als Leitbild für solch ein Getrenntleben in der Wohnung lässt sich an die weitverbreiteten Wohngemeinschaften denken.

Nach einer **Trennungszeit von einem Jahr** kann die Ehe geschieden werden, wenn beide Eheleute dies wünschen oder eine Seite die Scheidung beantragt und die andere zustimmt.

Es wird unwiderlegbar vermutet, dass die Ehe gescheitert ist, wenn die Ehegatten seit einem Jahr getrennt leben und beide Ehegatten die Scheidung beantragen oder der Antragsgegner der Scheidung zustimmt. [§ 1566 BGB]

Vor Ablauf des Trennungsjahres ist die Scheidung nur in Härtefällen zulässig.

Leben die Ehegatten noch nicht ein Jahr getrennt, so kann die Ehe nur geschieden werden, wenn die Fortsetzung der Ehe für den Antragsteller aus Gründen, die in der Person des anderen Ehegatten liegen, eine unzumutbare Härte darstellen würde. [§ 1565 BGB]

Bereits anlässlich der Trennung können die Paare sich um die **dringlichsten Regelungen** bemühen. Vor allem wird es um die – insbesondere für die Kinder bedeutsamen – Fragen gehen, wer dem anderen die Wohnung überlässt und selbst auszieht, bei welchem Elternteil die Kinder ihren Lebensmittelpunkt haben werden und wie ein möglichst enger, lebendiger und spontaner Kontakt des künftig abwesenden Elternteils zu den Kindern erhalten bleibt. Der Lebensbedarf der Kinder und des sie betreuenden Elternteils muss sichergestellt werden.

Bereits anlässlich der Trennung können die Paare sich um die dringlichsten Regelungen bemühen.

Mit dem Auszug ergibt sich ein Anlass oder gar die Notwendigkeit, den gemeinsamen Hausrat zu teilen. Lebt das Paar im eigenen Haus oder einer eigenen Wohnung, stellt sich die Frage, wie sie es künftig mit dem gemeinsamen Eigentum halten wollen. Es kann sich auch empfehlen, beizeiten an die Teilung eventueller Ersparnisse und die Regulierung von Schulden zu denken, ehe beides durch fortschreitende Entsolidarisierung erschwert wird.

Hilfreich kann es in dieser Phase sein, über die dargestellten unmittelbar aktuellen Fragen hinaus auch einige Gedanken auf **das soziale Umfeld der Familie** zu verwenden, das von den bevorstehenden Veränderungen nicht unberührt bleibt. Die Geschwister und Eltern des sich trennenden Paares sind – und bleiben – Onkel und Tanten, Großeltern der Kinder und Schwiegereltern. Die Frau ist vielleicht Patin der Nichte des Mannes. Soll die Patin von der Konfirmation oder Firmung des Kindes ausgeschlossen sein, nur weil sie nicht mehr mit dem Onkel des Kindes verheiratet ist? Die Patenschaften und verwandtschaftlichen Beziehungen bleiben weiterhin bestehen. Soll das alles Schaden nehmen, nur weil das Paar sich trennt?

Auch ein Blick auf den gemeinsamen Freundeskreis kann hilfreich sein. Manche Freunde und Bekannte, die sich nicht in die Auseinandersetzungen hineinziehen lassen wollten, haben die Kontakte einschlafen lassen und sind gar nicht glücklich damit. Vielleicht sind die Eheleute, Partnerinnen oder Partner Mitglieder in Gruppen und Vereinen, wo sie sich mit ihren gemeinsamen Interessen zu Hause fühlen. Wollen sie in Zukunft alle Begegnungen vermeiden, oder gelingt es ihnen, die Trennung so zu gestalten, dass beiden die Kontakte in der Gruppe, im Verein erhalten bleiben? Und wenn gar nichts mehr geht – das Paar könnte zumindest noch versuchen, ein **gemeinsames Fernziel** zu definieren: Spätestens zu dem oder jenem Ereignis – Einschulung, Konfirmation, Abitur, Hochzeit eines Kindes, Taufe der Enkel, Jubiläumsfeier des Vereins – wollen wir so weit sein, dass wir beide dort erscheinen können.

Auch Verwandte und Freunde bleiben von der Trennung nicht unberührt.

Das Ehescheidungsverfahren

Vor dem Familiengericht müssen sich die Ehegatten in Ehesachen durch einen Rechtsanwalt vertreten lassen. Der Vertretung durch einen Rechtsanwalt bedarf es nicht für die Zustimmung zur Scheidung. [§ 114 FamFG]

Der Ehegatte, der die Scheidung beantragt, muss sich hierfür durch eine Rechtsanwältin oder einen **Rechtsanwalt** vertreten lassen. Der andere Ehegatte kann seine Zustimmung auch ohne Anwalt erklären.

Mit der Einschaltung eines Anwalts oder einer Anwältin entsteht über die bereits bestehende Trennung hinaus die Gefahr einer weiteren **Entfremdung** zwischen den Eheleuten. In den anwaltlichen Schriftstücken erscheinen sie vielleicht nicht mehr als »Eheleute«, sondern als **»Parteien«**, die nicht mit-, sondern gegeneinander ein Verfahren durchführen.

Mit der Einschaltung eines Anwalts entsteht die Gefahr einer weiteren Entfremdung zwischen den Eheleuten.

Um die damit verbundenen unguten Gefühle nach Möglichkeit zu vermeiden, können und sollten die Beteiligten sich die Schreiben an die Gegenseite vor der Absendung vorlegen lassen und sich fragen, wie sie selbst sich fühlen würden, wenn sie solch ein Schreiben bekämen, und gegebenenfalls auf weniger irritierende umgangssprachliche Formulierungen zu drängen. Im Scheidungsantrag sollte es nicht heißen »Adam **gegen** Eva«, sondern »Adam **und** Eva«; nicht »Die Ehe der Parteien wird geschieden«, sondern »Die Ehe der Eheleute Adam und Eva wird geschieden«. Ehe die Gegenseite sich mit dem vom Gericht übersandten Antrag konfrontiert sieht, kann man sie außerdem darauf vorbereiten und ihr mit einem freundlichen Begleitschreiben das Schriftstück zuleiten, das sie demnächst vom Gericht bekommen wird.

Auf diese Weise kann durch **sensible Wortwahl und Verfahrensweise** viel dazu beigetragen werden, die Weichen in Richtung Verständigung und nicht in Richtung Konflikt zu stellen.

Eine hilfreiche Kontrollüberlegung kann hierbei sein: Werden unsere **Kinder**, wenn sie irgendwann per Zufall die Schriftstücke zu sehen bekommen, mit deren Inhalt einverstanden sein können oder werden sie darüber erschrecken, wie unsensibel ihre Eltern einander in der Trennung behandelt haben? Alle Formulierungen sollten so gewählt werden, dass niemand sich schämen muss, wenn die Kinder – vielleicht im Laufe des Verfahrens, vielleicht auch erst nach Jahren – die Akten zu sehen bekommen. Das betrifft übrigens nicht nur die Voraussetzungen der Ehescheidung, sondern auch alle eventuellen sonstigen streitigen Auseinandersetzungen.

Die Antragsschrift muss enthalten: die Erklärung, ob die Ehegatten eine Regelung über die elterliche Sorge, den Umgang und die Unterhaltspflicht gegenüber den gemeinschaftlichen minderjährigen Kindern sowie die durch die Ehe begründete gesetzliche Unterhaltspflicht, die Rechtsverhältnisse an der Ehewohnung und an den Haushaltsgegenständen getroffen haben.
[§ 133 FamFG]

Anhand der Angaben in der Antragsschrift kann die Richterin oder der Richter schon vor der Bestimmung eines Termins zur mündlichen Verhandlung überblicken, ob neben der Ehescheidung auch andere Dinge zu erörtern sind. Diesem Zweck dienen die Angaben im Scheidungsantrag.

Das Gericht soll das persönliche Erscheinen der Ehegatten anordnen und sie anhören. Sind gemeinschaftliche minderjährige Kinder vorhanden, hat das Gericht die Ehegatten auch zur elterlichen Sorge und zum Umgangsrecht anzuhören und auf bestehende Möglichkeiten der Beratung hinzuweisen.
[§ 128 FamFG]

In der **mündlichen Verhandlung** hört die Richterin oder der Richter die Eheleute an, um sich eine Meinung bilden zu können, ob die Voraussetzungen für die Scheidung der Ehe vorliegen.

Der Versorgungsausgleich

Von Amts wegen – also ohne entsprechende Anträge der Eheleute – führt das Gericht den Versorgungsausgleich durch.

Im Versorgungsausgleich sind die in der Ehezeit erworbenen Anteile von Anrechten jeweils zur Hälfte zwischen den geschiedenen Ehegatten zu teilen. Ausgleichspflichtige Person im Sinne dieses Gesetzes ist diejenige, die einen Ehezeitanteil erworben hat. Der ausgleichsberechtigten Person steht die Hälfte des Werts des jeweiligen Ehezeitanteils zu. [§ 1 des Gesetzes über den Versorgungsausgleich]

Hierbei werden die in der Ehezeit erworbenen **Altersversorgungen der Eheleute geteilt.**

Die Eheleute brauchen hierzu nichts weiter zu tun, als die Formulare des Gerichts auszufüllen und eventuelle Rückfragen der Versicherungsträger zu beantworten. Am Ende des Scheidungsverfahrens erfolgt der Ausgleich dann durch eine entsprechende Anordnung im – früher »Scheidungsurteil« genannten – Scheidungsbeschluss.

Folgesachen

Weitere »Folgesachen« wie etwa Auseinandersetzungen über die elterliche Sorge für ein gemeinschaftliches Kind, wie etwa Unterhaltsansprüche und die Vermögensauseinandersetzung regelt das Gericht zusammen mit der Ehescheidung nicht – wie es in der Juristensprache heißt – »von Amts wegen«, sondern nur auf Antrag, für den eine anwaltliche Vertretung erforderlich wäre.

Über Scheidung und Folgesachen ist zusammen zu verhandeln und zu entscheiden (Verbund). Folgesachen sind Versorgungsausgleichssachen, Unterhaltssachen, Ehewohnungs- und Haushaltssachen und Güterrechtssachen, wenn eine Entscheidung für den Fall der Scheidung zu treffen ist. Für den Versorgungsausgleich ist kein Antrag notwendig. Folgesachen sind auch Kindschaftssachen, die die Übertragung der elterlichen Sorge, das Umgangsrecht betreffen. [§ 137 FamFG]

Auch hier ermutigt das Gesetz ausdrücklich dazu, das Heil nicht in einer gerichtlichen Entscheidung zu suchen.

Das Gericht kann anordnen, dass die Ehegatten einzeln oder gemeinsam an einem kostenfreien Informationsgespräch über Mediation oder eine sonstige Möglichkeit der außergerichtlichen Streitbeilegung anhängiger Folgesachen bei einer von dem Gericht benannten Person oder Stelle teilnehmen und eine Bestätigung hierüber vorlegen. Das Gericht soll in geeigneten Fällen den Ehegatten eine außergerichtliche Streitbeilegung anhängiger Folgesachen vorschlagen. [§ 135 FamFG]

Diese Regelung soll die Gerichte entlasten, doch sie trägt auch dazu bei, sensibler und rücksichtsvoller miteinander umzugehen, was den oft schmerzlichen Übergang in einen neuen Lebensabschnitt erträglicher macht und jedenfalls den gemeinsamen Kindern zugutekommt. Im Mittelpunkt steht das Kindeswohl.

Was ein Kind an Zuwendung braucht, lässt sich nicht per Gerichtsurteil regeln

> Sie als Eltern haben sich getrennt, zu Ihren Kindern haben Sie eine lebenslange Beziehung. Das Sorgerecht auf beide Eltern zu verteilen ist immer die beste Lösung.

> Rechtliche Auseinandersetzungen sollten zu keiner Eskalation führen.

> Unterhaltstabellen liefern nur Anhaltspunkte – im Vordergrund sollte immer eine individuelle Lösung stehen.

> Suchen Sie nicht sofort die anwaltliche Auseinandersetzung, sondern versuchen Sie zunächst, möglichst viele Fragen in einer Mediation zu klären und sich im Vorfeld zu einigen.

> Im Trennungsprozess geht es weniger um Recht und Gesetz als darum, den Kindern eine positive Zukunft zu ermöglichen.

Impressum

Herausgeber und Lektorat
Bernhard Schön, Idstein

Umschlagkonzept und -gestaltung; Innenlayout
www.anjagrimmgestaltung.de (Gestaltung), Stephan Engelke (Beratung)

Satz und Herstellung
Nancy Püschel

Druck und Bindung
Beltz Druckpartner, Hemsbach

1. Auflage 2011
ISBN 978-3-407-22512-2

Bildnachweis
Umschlagabbildung; S. 1: © plainpicture/Cultura
S. 3: © iStockfoto/szelmek
S. 8: © Getty Images/Tom Grill
S. 24: © Getty Images/Image Source
S. 30: © iStockfoto/Sheryl Yazolino Griffin
S. 36: © Getty Images/Jamie Grill
S. 40: © mauritius images/Oredia
S. 45: © iStockfoto/Neustockimages
S. 52: © Getty Images/Jamie Grill
S. 56: © iStockfoto/Andrew Lever Photography
S. 60: © iStockfoto/christie & cole studio inc.
S. 66: © iStockfoto/Salih Güler
S. 78: © iStockfoto/robertas narkus
S. 82: © iStockfoto/Junial Enterprises
S. 98: © mauritius images/age

In Zusammenarbeit mit:

Eltern

Eltern family

Deutsche Liga für das Kind in Familie und Gesellschaft

Initiative gegen frühkindliche Deprivation e.V.